Bruno Dörig/Martin Schmeisser

Kraftquelle Mandala

W0021178

HERDER / SPEKTRUM
Band 5010

Das Buch

Woher kommt das Mandala? Was bedeutet es, wie erschließt sich sein tieferer Sinn? Wozu hat es seit jeher inspiriert? Und vor allem: Wie können wir es – heute und für uns – als Kraftquelle neu entdecken und nutzen? Kann es ein Wegweiser sein, um in einer Situation der Verwirrung und Ratlosigkeit zu einer Orientierung der Seele zu helfen? Diesen Fragen gehen Bruno Dörig und Martin Schmeisser in ihrem Buch nach. „Mandala" – das Sanskritwort aus der altindischen Literatur bedeutet wörtlich „Kreis". Tibetische Übersetzungen geben das Wort bald mit „Zentrum", bald mit „das Umgebende" wieder. Peripherie und betonter Mittelpunkt kennzeichnen das Mandala in seiner Ur-Gestalt. Der Kreis (Symbol für den Kosmos in seiner Gesamtheit, für das Ewige) und Quadrat (Symbol für die Erde oder die von Menschen gestaltete Welt) sind seine Grundelemente. Wie vielfältig Mandalas in den verschiedenen Kulturen auch sind: Immer – und auch für Menschen, die sich heute auf sie einlassen – sind sie so etwas wie „Wegkarten der Wahrheit", „Planskizzen einer Reise nach innen". Der Umgang mit Mandalas stärkt die Seele, führt zur Stille, wirkt wie ein Magnet. Diese Erfahrung können wir als Kraftquelle nutzen – Erwachsene ebenso wie Kinder, Kranke ebenso wie Gesunde. Dieses Buch läßt auch Menschen zu Wort kommen, die sich, sei es in Schule, Therapie oder Selbstfindung, auf die Arbeit mit Mandalas eingelassen haben und von ihrer inspirierenden Wirkung erzählen können. Es zeigt, wie man sich selber vertieft damit beschäftigen kann und hilft dem Leser durch zahlreiche Anregungen und Hinweise, sich selber auf den Weg der Mandalas zu begeben. Insgesamt eine inspirierende Anregung, sich zu sammeln, in sich zu gehen, sich auf die eigene Mitte hin auszurichten und sich dort neu zu verankern.

Die Herausgeber

Bruno Dörig, geb. 1943, ausgebildet als Sekundarlehrer und Erwachsenenbildner, unterrichtete über 12 Jahre an einer Schule im Appenzellerland. Seit 1989 freischaffend als Verleger (noah-Verlag), Publizist und Erwachsenenbildner. Zahlreiche Initiativen und Veröffentlichungen zum Mandala-Thema. Lebt in Oberegg/Schweiz.
Martin Schmeisser, geb. 1940, Theologe, Musiker, Verleger (Verlag am Eschbach). Autor und Herausgeber zahlreicher Werke, u. a. des Eschbacher Bilderpsalters „Das Buch der Psalmen", „Gesegneter Tag" und „Gesegneter Weg". Lebt in March-Hugstetten bei Freiburg im Breisgau.

Bruno Dörig/Martin Schmeisser

Kraftquelle Mandala

Die eigene Mitte finden

Herder
Freiburg · Basel · Wien

Gedruckt auf umweltfreundlichem,
chlorfrei gebleichtem Papier

Originalausgabe

Alle Rechte vorbehalten – Printed in Germany
© Verlag Herder Freiburg im Breisgau 1998
Satz: DTP-Studio Helmut Quilitz, Denzlingen
Herstellung: Freiburger Graphische Betriebe 1998
Umschlaggestaltung: Joseph Pölzelbauer
Umschlagbild: Johannes Frischknecht
ISBN: 3-451-0510-2

Inhalt

In sich gehen

Wenn die Worte an Klang,
die Gesten an Kraft,
die Gedanken an Schärfe,
die Träume an Farbe,
die Liebe an Tiefe verlieren,
ist es höchste Zeit,
die tausend Arme,
die helfen wollen,
vom Rand zurückzuholen,
sie in der Mitte,
im Kern, im Selbst
zu verankern,
sich zu sammeln,
bis jedes Wort,
jeder Blick,
jeder Schritt
gottvoll, menschlich,
kosmisch, ewig wird.

Martin Gutl

VORWORT

Dieses Buch möchte Sie – liebe Leserin, lieber Leser – mit einem uralten Zeichen vertraut machen. Es begegnet uns als Symbol von Einheit und Ganzheit in vielen Kulturen und Religionen: am ausgeprägesten wohl in den indischen und tibetischen Mandalas, aber auch in der druidischen Kultstätte Stonehenge (bei Salisbury/Südengland) und in den irisch-keltischen Radkreuzen, in den ägyptischen und mexikanischen Pyramiden, in indischen Tempeln und islamischen Moscheen, in den Pagoden Chinas und Japans, in den Sandbildern und Tipis der nordamerikanischen Indianer. Nach dem Mandalaprinzip (Kreisstruktur mit betontem Mittelpunkt, auf den alles symmetrisch bezogen ist) sind auch die christlichen Kreuzkuppel-Kirchen, die Kirchen- und Rasenlabyrinthe, die Rosenfenster der gotischen Kathedralen, die Kosmosbilder der Hildegard von Bingen und viele andere christliche Bildwerke gestaltet.

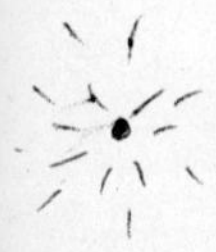

Alle diese Bilder und Symbole wollen nicht als schmükkende Kunstwerke verstanden werden, sondern als Planskizzen für eine „Reise nach innen" – von der Periphere ins Zentrum, von der Äußerlichkeit zum innersten Kern –, zu der sich der Betrachter aufmacht, um in seine eigenen Tie-

Mandala aus Nepal

fenschichten vorzustoßen und in Gott seine Mitte zu finden. Als „Yantras" (das sind „Werkzeuge") wollen Mandalas dem Meditierenden helfen, die Gottheit in sich selbst Gestalt werden zu lassen. Hubertus Halbfas nennt das Mandala eine „Wegkarte der Wahrheit, ein mystisches Bild, das Gott, Mensch und Welt in ihrer Zusammengehörigkeit schauen läßt".

Viele Menschen entdecken heute neu die reinigende und heilende Kraft solcher Bilder. Mit ihren Augen oder mit ihren Händen suchen sie einen Weg vom Rand zur Mitte. Schauend oder malend überlassen sie sich dem Kreis und versuchen so, Mitte im Bild und in sich selbst lebendig werden zu lassen. Welche konzentrierende, einsammelnde, heilende Wirkung von Kreisbildern ausgeht, wie sie das

Auseinandergerissene zusammenbinden und Frieden stiften – davon berichtet dieses Buch.

Wer sich auf das Mandala einläßt, wird es als „Lebensmuster“ (Rüdiger Dahlke) erspüren, das alles in sich integriert. Ein indianischer Text beschreibt eindrucksvoll, wie umfassend die Kreis-Symbolik verstanden werden kann:

„Im Denken des Indianers ist der Kreis, der Ring ein wichtiges Symbol. Die Natur bringt alles rund hervor. Die Körper der Menschen und Tiere haben keine Ecken. Für uns bedeutet der Kreis die Zusammengehörigkeit von Menschen, die gemeinsam um das Feuer sitzen, Verwandte und Freunde in Eintracht, während die Pfeife von Hand zu Hand geht. Das Lager, in dem jedes Tipi (ein kegelförmiges, mit Leder oder Leinwand überspanntes Zelt) seinen bestimmten Platz hatte, war ebenfalls ein Ring. Auch das Tipi selber war ein Kreis, in dem Menschen im Kreis saßen, und alle Familien eines Dorfes waren Kreise im größeren Kreis, Teil des großen Ringes der sieben Lagerfeuer der Sioux, die zusammen ein Volk bildeten. Dieses Volk wieder war nur ein kleiner Teil des Universums, das kreisförmig ist und aus der Erde, der Sonne, den Sternen besteht, die alle rund sind. Mond, Horizont, Regenbogen – auch sie sind Kreise in größeren Kreisen, ohne Anfang, ohne Ende. All das ist für uns schön und voller Bedeutung; Symbol und Wirklichkeit zugleich, drückt es die Harmonie von Leben und Natur aus. Unser Kreis ist zeitlos, steht nie still; aus dem Tod geht neues Leben hervor – Leben, das den Tod besiegt.“ (Lame Deer)

Martin Schmeisser

Mandala – Urmuster des Lebens

Der Begriff „Mandala“ kommt aus dem Sanskrit und bedeutet wörtlich „Kreis“; er wird aber auch mit „Zentrum“ oder „das Umgebende“ wiedergegeben. Damit sind bereits wichtige Merkmale eines Mandalas umrissen. Denn die Mitte jedes Kreises ist ein Punkt. Umgekehrt wird ein Punkt, den man zweidimensional „aufbläst“, zum Kreis.

Kreis und Mittelpunkt bilden ein Urmuster, durch das unser ganzes Dasein geprägt ist. Man denke an den Mikrokosmos, an Zelle und Zellkern, an die uns umgebenden Formen der Natur wie den Krater eines Vulkans, die Ringe im bewegten Wasser, eine Blüte, die Iris im Auge, man denke an den Makrokosmos, an die Bewegung der Planeten auf Kreisbahnen um die Sonne etwa.

Es ist also kein Wunder, daß wir Mandalas in allen Kulturen und Religionen finden. Sie sind Schaubilder der Ganzheit, der göttlichen Ordnung.

Im Mittelpunkt findet die Kreisbewegung Ruhe, von ihm aus erhält sie aber auch wieder ihre Dynamik.

So steht die Mitte des Kreises für das Göttliche, das geheimnisvolle, schöpferische Zentrum, sie steht für Ganzheit und Vollkommenheit.

Der Kreis symbolisiert das Geschöpfliche, das in der Entwicklung Befindliche, sich stetig Verändernde. Er zeigt aber auch das Zyklische der Lebensläufe.

Auf unserer Lebensbahn erleben wir Phasen, in denen wir der Mitte nahe kommen, und Phasen, in denen wir uns mehr an der Peripherie bewegen. Schritte hin und her; innen und außen – beides gehört zusammen. Wichtig ist nur, daß wir die innere Beziehung zur Mitte nicht verlieren, denn wenn die „Anziehungskraft" der Mitte nicht mehr wirkt, werden wir „aus der Bahn" geworfen.

Indem wir uns mit Mandalas beschäftigen, schwingen wir uns ein auf dieses Urmuster des Lebens; wir nehmen den Mittelpunkt nicht nur optisch wahr, sondern geben ganzheitlich einem Keim der Sehnsucht Nahrung, zu unserer Mitte, zum Sinn unseres Lebens vorzustoßen.

Dabei ist unwesentlich, ob wir ein vorgegebenes Mandala ausmalen oder ob wir selber eines zeichnen. Beides hat mit unserem Leben zu tun: Einerseits handeln wir in vorgegebenem Rahmen, andererseits gestalten wir auch Neues.

Wenn wir ein und dasselbe Mandala-Motiv zehnmal ausmalen, wird zehnmal etwas Neues entstehen durch unterschiedliche Farbgestaltung und Schwerpunktsetzung. Und mit der Zeit lernen wir, in unseren Mandalas zu lesen.

Luitgard Weis

Mandalas als Kraftquelle

Erfahrungen

Im Sommer 1996 organisierten Vreni und Bruno Dörig-Hug in ihrem Wohnort Oberegg (Schweiz) eine große Mandalaausstellung. Viele wirkten an diesem Projekt mit. In der zu einer Galerie umgestalteten alten Post waren Bilder von Künstlern ausgestellt, die sich schwerpunktmäßig dem Mandala widmen: Johannes Frischknecht, Regula Gerung, Brigitte Kranich u. a. In den Schaufenstern der Geschäfte entlang der Dorfstraße war ein eindrückliches Spektrum von Mandala-Arbeiten aus Schule, Ergotherapie, Erwachsenenbildung ausgestellt; besonders interessant war es, zu welch vielgestaltigen Ergebnissen dieselbe Mandala-Malvorlage führt und was sich in den verschiedenartigen Gestaltungen ausdrückt.

Das Echo auf die Mandala-Ausstellung in Oberegg (der Ort liegt im Appenzeller Land) war überwältigend. Mandala-Spezialisten und Interessierte aller Bevölkerungsschichten, Kinder und Erwachsene aus der näheren Umgebung und von weit her fühlten sich von der Ausstellung angezogen. Manche brachten ihre eigenen Mandalas mit. Es gab unzählige Gespräche über persönliche Erfahrungen mit Mandalas. Und man konnte unmittelbar erleben, wie dieses uralte und universelle Symbol ganz unterschiedlichen Menschen unserer Zeit zu einer Kraftquelle und Hilfe wird, ins Gleichgewicht zu kommen und ihre Mitte zu finden.

Wie sehr verschiedenen Menschen das Mandala zu einer Kraftquelle geworden ist, zeigen auch die folgenden Antworten einer kleinen Umfrage.

Das Foto S. 15 zeigt Bruno Dörig mit einer Besucherin der Mandala-Ausstellung in Oberegg.
Die Mandalas S. 17, 21, 23, 27, 29, 33, 35 und 39 hat Luitgard Weis, Freihalden / Deutschland, gezeichnet.

Mandalas sind mir eine Kraftquelle, weil viele, differenzierte Gefühlswege in die Mitte und an den Rand führen. Voraussetzung dafür ist, daß wir uns fallen lassen, einlassen und loslassen können – auf dem beschwerlichen, schmerzhaften, anspruchsvollen Weg (Prozeß).

Ich erlebte während einer tiefen Depression über drei Monate beim Mandala-Malen eine Ver-Wandlung, eine Ent-Wicklung, ein Ab-Wickeln von Ballast. Die Mandalas schenkten mir Kraft, diesen Ausnahmezustand durchzustehen, um an einem andern Standort anzukommen, bei mir selber, dem inneren Kern:

- weg von Angst und Verzweiflung, hin zur Zentrierung und Lebensfreude;
- weg von Dunkelheit (habe viele schwarze Mandalas gemalt), hin zum Licht, zu bunten, harmonischen Bildern;
- weg von Versteinerung und Verhärtung zu Durchlässigkeit und Befreiung;
- weg von Stauungen, hin zum Fließen, zum Vertrauen in die göttliche Führung;
- weg von Atemnot, hin zu langen, regelmäßigen, tiefen Atemzügen, zu innerer Gelassenheit.

Das Mandala-Malen schenkte mir viele Erkenntnisse, Zugang zu Ein-Sichten. Es war ein Reifungsprozeß mit Läuterungen von Körper, Geist und Seele. Ich bekam Mut, Zuversicht und Vertrauen für das Weitergehen und Bereitschaft für weiteres Wachstum.
(Katharina M.)

An den 30tägigen Einzelexerzitien habe ich die heilende Wirkung des Mandala-Malens ganz besonders erfahren in Zeiten, in denen ich vom Prozeß her Trost und Kraft nötig brauchte. Das Konzentrieren auf das Ausmalen in strukturierten, sehr kleingedruckten Mandalas hat mir besonders gut getan und mich befreit.
(Maya T.)

Mandala-Betrachten, Mandala-Malen ist Heimkehr aus den Wirren des Alltags in seinen geheimen und geheimnisvollen inneren Paradiesgarten voller Musik und Blumen… (Susy S.)

Eine hochbetagte Klosterfrau hätte gerne meditieren gelernt, weil das im Kloster aktuell geworden war. Eine junge Mitschwester wußte, daß die betagte Schwester gern Mandalas ausmalte. Nun riet sie ihr, die täglichen Gebetszeiten Mandala malend zu verbringen und dabei ihr Leben daraufhin abzusuchen, was ihr alles an Gutem geschehen sei. Die Schwester habe das mit einer Innigkeit getan und dabei viel tiefen Frieden und große Freude erfahren.
(berichtet von Maya T.)

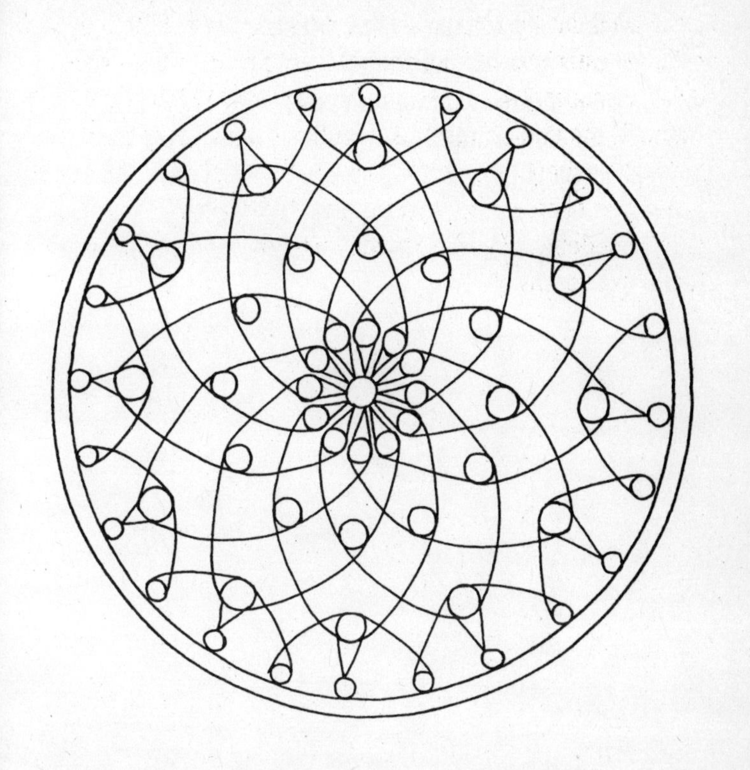

*D*as Mandala *zwingt* mich erst zur Ruhe,
es *hält* mich dann in der Ruhe
und *schenkt* mir Ruhe,
aus der die Kraft und Energie
für Neues quillt.
(Susi H.)

Gott bewahre mich vor Unentschlossenheit und Zerfahrenheit! Beim Mandalamalen muß ich immer wieder einen Entschluß fassen und Farbe bekennen, mich mutig hineingeben in Neuland. Das hilft mir, meinen Weg zu gehen. Es gibt mir Kraft.
(Elisabeth A.)

*E*s war im Januar 1996. Meine Mutter (Jahrgang 1914), eine leidenschaftliche Gärtnerin, litt mehr als in früheren Jahren unter der Lichtarmut und der Farblosigkeit des Winters. Von einem Arztbesuch kam sie nach Hause mit Medikamenten, die ihrer Seele helfen sollten. Mit einem Mandala-Block und einer Schachtel Farbstifte konnten wir sie ermuntern, ihren dunklen Tagen selbst Farben zu geben. Sie freute sich riesig über die farbigen Bilder, die da entstanden über viele Tage. Sie gewann neu Vertrauen, daß „es" wieder rund laufen wird …
(Elisabeth F.)

Mandala Innenkreis – Außenkreis
Mittelpunkt
Einssein

Raum und Zeit
Ewigkeit
LIEBEN

(Marlies S.)

Als ich vor drei Jahren das Mandala-Malen entdeckte, fühlte ich mich so überglücklich und unbeschwert wie als Fünfjährige im Kindergarten (ich bin jetzt 52). Es war mir so, als wären die Jahre dazwischen gar nicht gewesen. Seitdem habe ich viele Mandalas gemalt und eines gestickt, und es ist jedesmal wie ein Nachhausekommen zu mir selbst, um Freude, Ruhe und Kraft aufzutanken. Das fertige Mandala gibt mir alles, was ich hineingegeben habe, wieder zurück. Es ist ein Kreislauf von Geben und Bekommen. Dieses unbeschreibliche Gefühl möchte ich nie mehr missen!
(Verena E.)

Im Kursraum ist die Heizung defekt, sie muß repariert werden. Also werden die Fachleute gerufen, die am späten Nachmittag erscheinen und den Schaden begutachten. Sie würden am kommenden Tag die Sache in Ordnung bringen. Das paßt der Kursleiterin gar nicht, der Raum sollte sofort wieder zur Verfügung stehen. Sie besteht darauf, daß die Heizung gleich repariert wird. Die Arbeiter sind verärgert, sie sehen ihren Feierabendtermin gefährdet. Mißmutig machen sie sich an die Arbeit.

Nach einiger Zeit bemerkt die Kursleiterin, daß einer der Arbeiter immer wieder auf das große Mandala schaut, das an der weißen Wand des Raumes hängt. Was ist denn das für ein Bild, fragt er, noch halb verärgert, aber doch interessiert, man muß ja immer hinschauen. Die Kursleiterin hat ein gutes Gespür für Menschen und gibt gerne Auskunft. Dann bringt sie Kaffee, und schließlich sitzen die drei vor dem Mandala und kommen in ein Gespräch, in dem es um ganz Persönliches geht. Was trägt uns? Was bildet die Mitte unseres Lebens? Der Ärger ist längst verflogen. Es komme selten vor, daß sie am Arbeitsort ein solches Gespräch führen, sagen die Arbeiter. Sie würden gern mehr über Mandalas wissen …
(berichtet von P. Engler)

Eine Frau, die aidskranke Mitmenschen betreut, berichtet von einer sehr eindrücklichen Erfahrung: Eine 30jährige Frau, im Endstadium ihrer Erkrankung, hat große Schmerzen und ist oft traurig. Die Betreuerin fragt, ob sie Mandalas kenne und ob sie gern Vorlagen ausmalen würde. Die Patientin kennt Mandalas nicht, möchte aber gern malen. Wie sie dann das erste Mandala vor sich hat, beginnt sie zu malen, ohne zu zögern; vergißt die Schmerzen und überläßt sich ganz der bergenden Kraft des Mandalas ... und die Tränen tropfen aufs Papier. Für eine Stunde kommt in der Frau, die jahrelang im Elend, in Krankheit und Schmutz gelebt hat, eine feine, zärtliche Seite zum Klingen.
(notiert von B. D.)

Ich verbringe viele Stunden am Bett junger aidskranker Menschen, die im Sterben liegen. Da geschieht sehr viel ohne Worte, einfach im Dasein, im Mitgehen und Aushalten. Es ist eine Tiefe und Nähe, die keine Worte mehr zuläßt oder braucht. Viele Fragen bleiben offen; es gilt, Schmerz und Not auszuhalten. Dann male ich Mandalas aus. Es ist für mich das beste und „wirksamste Mittel", um innere Unruhe, Sorgen und Schmerzen zu akzeptieren. Im Mandala-Malen spüre ich eine Mitte, die trägt, *seine* Gegenwart und Nähe. Besonders wenn ich nachts im Halbdunkel wache und den Atem der Kranken höre, fließt manches Gebet, mancher Wunsch hinein in die Farben. Es gibt mir stets Kraft, ich bin froh, einen „Ort" zu haben, in den Angst und Schmerz, aber auch Freude und Dank einfließen können. (Schwester Margrit)

Von 1992 bis 1993 war ich einige Monate in einer Klinik. Ich hatte Probleme im Ablösungsprozeß von meinen acht Kindern, die ich seit dem tödlichen Unfall meines Mannes im Jahre 1977 allein erziehen und durchbringen mußte. Im Ergoraum der Klinik brachte die Betreuerin Papierblätter mit kopierten Mandalas. Wir durften die Farben frei wählen, es gab keine Vorlagen. Auch ob wir mit Farbstiften oder mit Wasserfarben malen wollten, war uns überlassen. Ich wählte die Wasserfarben, da ich noch nie in dieser Technik gemalt hatte. Ich wollte ja mit etwas Neuem beginnen. Nun, ich fing mit dem Ausmalen an. Dabei wurde mir bewußt, daß ich in der Primarschule sehr gern mit bunten Farben ausgemalt hatte. In diesem Bewußt-werden geschah etwas in meinem Innern. Es löste sich etwas aus meiner inneren Verkrampftheit, eine tiefe innere Freude. Daraus entstand ein Glücksgefühl, das ich schon seit langer Zeit verloren hatte, also nicht mehr kannte. Es war für mich wie eine Umarmung von Gott. Je öfter ich beim Malen mit bunten Farben im Mandala spielte, umso mehr fand ich zu mir selbst. Ich spürte mich wieder, wurde dadurch beglückt und auch ruhiger. Mein Selbstwertgefühl stieg. Das Loslassen der Kinder, das mir so Mühe machte, gelang mir immer besser. Es erwachte ein Neubeginn in mir. Fantasie, neue Ideen, gute Gedanken, die ich vorausschickte, froheres Gemüt – also viel Positives ist daraus entstanden. Das Mandala-Malen hat in mir einen neuen Horizont eröffnet. Es ist mir eine große Hilfe. Ich bin wieder daheim, der Klinik-Aufenthalt liegt drei Jahre zurück. Die Freude am Mandala-Malen ist noch immer groß.
(Klara H.)

Herr M. ist 76 Jahre alt und muß mehrere Wochen im Spital verbringen. Der medizinische Eingriff macht ihm nicht zu schaffen. Schmerzen hat er kaum. Aber es ist die Langeweile, die er gelegentlich beklagt. Bücher liest er nicht, Besuche sind ihm lieber.

Als Herr M. wieder einmal bemerkt, daß es ihm langweilig sei, hat die Krankenschwester eine Idee und verspricht dem Patienten, am folgenden Tag etwas mitzubringen, was ihm vielleicht gefalle. Es ist ein Mandala-Malblock mit einer Schachtel Farbstifte. Herr M. nimmt beides prüfend in die Hände, ein Lächeln huscht über sein Gesicht, er will gleich mit dem Ausmalen beginnen. Eine Anleitung braucht er nicht. „Wissen Sie", sagt er zur Krankenschwester, „schon in der Schule habe ich immer gerne gemalt. Leider hat mir der Lehrer die Freude am Umgang mit Farben gründlich verdorben, als er sagte, ich hätte zum Malen kein Talent. Vielleicht stimmt es ja. Aber das hier, das Ausmalen in dieser schönen runden Form, das kann ich. Da bin ich mir sicher!" Und Herr M. beginnt, sein erstes Mandala auszumalen, er tut es mit viel Sorgfalt und Liebe. Als er damit fertig ist, kann er es kaum erwarten, bis er sein Kunstwerk der Krankenschwester zeigen kann.

Von diesem Tag an ist die Langeweile aus dem Krankenzimmer verbannt. Ein Mandala nach dem andern kommt dran. Herr M. nimmt sich viel Zeit. Er möchte das Spiel mit den Farben genießen. Er erzählt manchmal, was für Gedanken er sich bei der Auswahl der Farben macht. Feine Übergänge, zarte Abstufungen sind ihm wichtig.

Der dreimonatige Krankenhaus-Aufenthalt wird für

Herrn M. zu einem neuen Lebensabschnitt, in dem er eine bisher brachliegende Kreativität (wieder-)entdeckt. Das Mandala-Fries an der Wand hinter seinem Bett wird immer größer und ist Anlaß zu vielen Gesprächen mit Besuchern, Ärzten und Pflegepersonal. Der Mann, der am Anfang von Langeweile sprach, wird zum interessanten Gesprächspartner.

Immer am Mittwoch kommt die Ehefrau von Herrn M. auf Besuch. Der Patient freut sich wie ein Kind, wenn er ihr die neu entstandenen Kreisbilder zeigen und kommentieren darf.

Am Ende des Spitalaufenhalts dankt Frau M. der Krankenschwester für die Idee, ihren Mann mit Mandalas bekannt zu machen. Sie sagt: „Ich habe dadurch noch einmal etwas von der Feinheit und Zärtlichkeit meines Mannes erlebt, die ich an ihm in der Zeit der Bekanntschaft so schätzte. Später hat sich, wie man so sagt, der Lebenskampf in den Vordergrund gedrängt. Der Mann hatte seine ganze Energie in den Aufbau unseres Geschäftes fließen lassen. Sie haben mit den Mandalas wieder etwas hervorgelockt, was ich längst verloren glaubte. Dafür danke ich Ihnen."

Ich bin am Verarbeiten traumatischer Kindheitserinnerungen. Es ist kein leichter Weg. Es macht große Mühe, die Erinnerungen und die Gefühle zuzulassen, ich kann es nur in ganz winzigen Schritten versuchen und stoße immer wieder an Grenzen. Manchmal ist es so, daß ich mich so weit vom eigenen Körper erlebe – wo bin ich dabei? Das Kind in mir höre ich um Hilfe schreien. Ich möchte helfen, aber mir sind die Hände gebunden. Da ist noch viel Trennendes, Fremdes, aber ich sehne mich nach Einheit, nach Ganzheit in all dem Zerstörten, Zerbrochenen, nach Heilung. Wenn ich den Boden unter den Füßen verliere, mit den Gefühlen nicht zurechtkomme, das, was bereits an Erinnerung da ist, nicht einordnen kann, dann greife ich oft zu Mandala-Vorlagen. So kann ich mich sammeln, zentrieren. Manchmal erlebe ich beim Ausmalen, wie ein wenig Ruhe einkehrt, mitten im Chaos. Es kann geschehen, daß ich so nach und nach wieder Boden gewinne, mich auf die Erde ausrichten kann und so einen nächsten, winzigen Schritt wagen kann. Ich bin so froh, daß ich diesen Weg kenne.
(E. G.)

Das Mandala – Meditatives Zeichen menschlicher und kosmischer Ganzheit

von Otto Betz

Urfragen des Menschen

Beginnt ein Mensch damit, über sich nachzudenken, über seine Herkunft, seinen Weg, seine Kräfte und Möglichkeiten, dann kann er in einen Zustand der Niedergeschlagenheit und Mutlosigkeit geraten. Wünsche und Strebungen, Triebkräfte und geheime Zwänge, sie bilden ein ungestaltes Chaos, in das nur schwer eine Ordnung zu bringen ist. Der Wunsch, aus der Vielfalt eine strukturierte Einheit werden zu lassen, erwacht nachdrücklich. Wohl hat die Erziehung und die Übernahme von Traditionen dafür gesorgt, daß wir uns nach einer vorgegebenen Form prägen ließen, wir haben Normen akzeptiert, die uns helfen, uns in der Welt zurechtzufinden. Und dennoch bleiben die Urfragen der Gnosis auch noch unsere Fragen: „Wer waren wir? Was sind wir geworden? Wo waren wir? Wohin sind wir geworfen? Wohin eilen wir? Wovon werden wir erlöst? Was ist Geburt? Was ist Wiedergeburt?"

Eine doppelte Frage steht dabei im Mittelpunkt: Was gehört alles zu mir, wie kann ich aus den vielen Elementen, die ich in mir vorfinde, eine Einheit, eine Ganzheit machen?

Und die zweite: Wie stehe ich – als der einzelne und gesonderte – in Zusammenhang mit den anderen Menschen, den anderen Wesen und dem Kosmos? Gibt es eine innere Mitte, einen Herzbereich, den ich finden muß, um mich von dorther aufzubauen? Und führt mich diese Mitte auch zum Herzen der Welt, damit ich nicht aus der Schöpfung herausfalle?

Die Schöpfung der Welt
Holzschnitt, Nürnberg 1493

Tibetisches Mandala als Weg-Symbol zur Einheit und Ganzheit

In der indischen und tibetischen Welt wird ein geheimnisvolles Zeichen weitergegeben, das ein hintergründiges Symbol der Einheit und Ganzheit darstellt: das Mandala. Es ist ein kunstvolles Gebilde, in dem Kreise, Vierecke und Dreiecke miteinander verflochten sind. Man kann es als „Kosmogramm" verstehen, als schematische Verdichtung des Universums, aber auch als „Psychogramm", als Zeichen der Personwerdung des Menschen. Es gibt sehr verschiedenartige Mandalas, aber alle haben einen betonten Mittelpunkt, eine Achse, um die sich alles dreht, und alle sind streng aufgebaut nach einem Ordnungssystem, das für uns schwer zu entschlüsseln ist.

Wer ein Mandala meditieren will, muß sich mit seinem geistigen Auge vom Außenkreis nach innen bewegen. Der Außenkreis stellt eine flammende Barriere dar, einen Feuerwall, der den Zugang nach innen versperrt. Wer sich zur größeren Bewußtheit führen und seine Voreingenommenheiten verbrennen läßt, kommt in die nächste Zone, in den „Gürtel der Diamanten", der zu einer „unverlierbaren Erleuchtung" befähigt. Weil aber zur Ganzheit des Wirklichen auch das Schreckliche gehört, kommt nun ein Bezirk, der den Schrecklichen Gottheiten gewidmet ist: In ihm finden

sich acht Friedhöfe. – Es schließt sich ein Gürtel von Lotusblättern an, der die geistige Geburt versinnbilden soll. „Diese Blütenblätter bedeuten die harmonische Entfaltung der

Grundschema der tibetanischen Mandalas

geistigen Schauung, die nur in einem neuen Bewußtsein möglich ist", sagt D. J. Lauf[1] dazu.

Der eigentliche Innenbezirk ist ein Viereck mit vier Toren. Das Viereck, auch Palast genannt, erinnert an den Grundriß eines Tempels oder einer geometrisch geplanten Stadt. Diagonalen gliedern den inneren Bereich in vier Dreiecke. Im Zentrum ist bei vielen Mandalas wieder ein Kreis, in dem fünf Buddhafiguren sitzen, einer im absoluten Mittelpunkt, die vier anderen kreuzförmig in alle Himmelsrichtungen. Diese fünf Buddhas stehen für die verschiedenen Elemente des Personseins: das Bewußtsein, die Körperlichkeit, die Empfindung, die Wahrnehmung und das Wollen.

Wer sich in das Mandala meditativ hineingibt, findet dort nicht einen spannungslosen Frieden, sondern wird darauf aufmerksam gemacht, daß in ihm selbst Licht und Finsternis sind. „Bewußtsein und Leidenschaft, Gutes und Böses sind unwiderruflich miteinander verbunden" (G. Tucci)[2]. Er wird vor die Aufgabe gestellt, das polar sich Gegenüberstehende, das Zerteilte und Zerspaltene in sich zu vereinen, ins Gleichgewicht zu bringen. Die Meditation hat also eine Funktion: Sie soll integrative Kräfte freisetzen.

„Die Zeremonie", heißt es bei Tucci, „die sich im Mandala vollzieht, ist vor allem eine Krönung... Dem Jünger, der in das Mandala eintritt, drängen sich königliche Zeichen und Embleme auf, sobald die Zeremonie der Taufe beendet ist... Er wird zum König, da er über dem Treiben der kosmischen und psychischen Kräfte steht, nachdem er in den Ursprung von Allem eingeführt worden ist."[3]

Hinter der Tradition des Mandala steht aber auch die Ge-

Mandala aus Nepal

wißheit: Einzelseele und Kosmos entsprechen sich. Wenn ich das Gesetz der Spannungseinheit in mir erfahren habe, dann kann mir auch das Geheimnis kosmischer Zuordnung erschlossen werden. Ich selbst bin der Kosmos im Kleinen, das Universum spiegelt sich in mir. Das Chaos widerstreitender Kräfte ist im Makro- wie im Mikrokosmos. Aber es gibt einen Zustand der Bewußtheit und der Erleuchtung, wo alles Ungebändigte aufgehoben ist.

Ein Charakteristikum des meditativen Eindringens in das Mandala liegt darin, daß ich dabei nicht aus mir heraustrete und mich ek-statisch überschreite, sondern daß ich in mich eindringe und die heilige Kraft in mir wachrufen lasse.

Blanche Christine Olschak[4] spricht von einer Enstase und einem Prozeß der „Invokation“.

Tibetischer Mönch
bei der Herstellung eines Mandalas

Mandala – Symbol der Individuation

Es ist verwunderlich, daß vor allem Carl Gustav Jung auf die Mandala-Tradition aufmerksam wurde und ihre Bedeutung für das Verständnis des Individuationsprozesses erkannte. Die Bedeutung der Quaternitäts- und Mandalasymbole als Symbole der Einheit und Ganzheit, ist – seiner Meinung nach – „historisch wie empirisch-psychologisch hinlänglich erhärtet. Was uns also zunächst wie ein abstrakter Begriff vorkommt, stellt in Wirklichkeit eine empirische Existenz dar, welche spontan ihr apriorisches Vorhandensein bekundet. Demnach bedeutet die Ganzheit einen objektiven Faktor, der dem Subjekt selbständig gegenübertritt, ähnlich wie Animus oder Anima.“[5]

Vor allem der Mensch, der aus dem Gleichgewicht gekommen ist und seine widerstreitenden Kräfte nicht zur Einheit personalen Lebens verbinden kann, bedarf einer solch eindrücklichen Mitteerfahrung, um wieder Fuß fassen zu können. „Die Erfahrung zeigt“, sagt Jung, „daß die individuellen Mandalas Ordnungssymbole sind, daher sie bei Patienten hauptsächlich in Zeiten psychischer Desorientierung bzw. der Neuorientierung auftreten. Sie bannen und beschwören als Zauberkreise die gesetzlosen Mächte der Dunkelheit und bilden eine Ordnung ab oder erzeugen eine solche, welche das Chaos in einen Kosmos wandelt.“[6] Psychotherapeuten berichten, das Auftauchen dieses Symbols könne verbunden sein mit einem überwältigenden Erlebnis inneren Friedens, der Sinngebung ihres Lebens und des Heraufkommens einer neuen Ordnung[7].

Indianisches Mandala

Mandala – Grundsymbol aller Kulturen und Religionen

Es fragt sich nun, ob eine solche meditative Symboltradition auf einen bestimmten Kulturraum und eine religiöse Geisteswelt beschränkt bleiben muß und höchstens der Tiefenpsychologe noch Parallelen im Reifungsvorgang des Menschen entdecken kann oder ob vergleichbare Symbolformen etwa auch im Christentum anzutreffen sind. Schon Aniela Jaffé[8] hat darauf aufmerksam gemacht, daß die christliche Kunst ungegenständliche Mandalas kennt. Sie weist z. B. auf die Fensterrosen der Kathedralen hin, die man als überpersönliche, ins Kosmische gesteigerte Symboldarstellungen der numinosen Ganzheit verstehen könne. Wahrscheinlich gehören die Mandalas zu den urmenschlichen Grundsymbolen, die überall da auftauchen, wo der Mensch seine Einheit sucht und seinen Ort im Kosmos ausloten möchte.

Und wenn Jung recht hat mit seiner Auffassung der Archetypen, daß sie nämlich wie Flußbetten sind, Stromläufe, in denen das Wasser des Lebens geflossen ist und immer noch fließt[9], dann ist anzunehmen, daß vergleichbare Bilder in allen Kulturen und allen Religionen auftauchen, weil sie notwendig sind und eine hilfreiche Funktion übernehmen können.

Zeichnung der Westrose von Chartres
Villard de Honnecourt, 1. Hälfte 13. Jh.

Bild der himmlischen Stadt

Die Mandalas erscheinen wie Grundrisse einer tempelartigen Stadt. Wer denkt nicht an das himmlische Jerusalem, das verheißen ist als Inbegriff endzeitlicher Erfüllung: Gott wird sein „alles in allem". Das Bild von der himmlischen Stadt mit den zwölf Toren aus Perlen und den goldenen Straßen hat im ganzen Mittelalter eine außerordentliche ikonographische Bedeutung gehabt. Dome wurden gebaut, die etwas von der Herrlichkeit des eschatologischen Jerusalem vorwegnehmen sollten, die Tragaltäre hatten diese Bildidee, die großen Kronleuchter über dem Altar waren nach ihrem Bild entworfen, selbst die Kaiserkrone deutete noch darauf hin. Wenn man den berühmten Codex Aureus von Emmeram betrachtet, kann man beobachten, daß selbst der kostbare Deckel eines Buches, mit Edelsteinen und Perlen geschmückt, noch eine Vorwegnahme der himmlischen Stadt war. Immer ging es um die Verschränkung von Viereck und Kreis, immer gab es eine heilige Mitte, immer wurde ein Raum der Ordnung und Hoheit hervorgerufen, in dem alle Kräfte und Mächte ihren Platz bekommen. Es ist sicher kein Zufall, daß die Einheitsidee im Mittelalter eine beherrschende Rolle spielte: Man war überzeugt, die weltliche und die geistliche Herrschaft in eine einheitliche Gestalt zu bringen, Gottesreich und Erdenreich wurden in Zuordnung gebracht. Jesus der Christus war der Inbegriff dieser polaren Spannung, die Kirche die Klammer, um die Vielfalt zusammenzuhalten. Es kann hier nicht darum gehen, die Divergenz (oder gar Diskrepanz) zwischen Idee und Wirklichkeit

Mandalaartiger Grundriß des buddhistischen Borobudur-Tempels auf Java

zu verfolgen, hier soll nur auf die Bedeutung des Einheits- und Ganzheits-Symbols im Denken des Mittelalters hingewiesen werden.

Wer aufmerksam geworden ist, wird auf Schritt und Tritt in der christlichen Kunst – vor allem der karolingischen und ottonischen Zeit, aber auch in späteren Jahrhunderten – Mandalas entdecken. Das ist keine nachträgliche Konstruktion, sondern ergibt sich aus der inneren Kraft der Symbole, die zu bestimmten Formgebungen drängen. Alfons Rosenberg hat in seinem Buch über die christliche Bildmeditation auf diese Zusammenhänge aufmerksam gemacht. „Es ist sicherlich nicht zufällig, daß die Urgeschichte der Menschheit in der Heiligen Schrift mit der Darstellung eines Mandalas beginnt. Als ein solches erscheint nämlich das Paradies: Seinen Mittelpunkt bildet der Lebensbaum, dessen ‚Rückseite', nach einer Tradition, die sich von Origenes herleitet, der Baum der Erkenntnis des Guten und des Bösen ist. Nach der Überlieferung entspringt aus seiner Wurzel der Lebensquell, der sich nach den vier Himmelsrichtungen in die vier Flüsse teilt, die das ‚runde' Paradies kreuzförmig zeichnen."[10]

So wie der paradiesische Anfangsbereich als Mandala vorgestellt wird, so ist auch das Zielbild in der Mandalagestalt beschreibbar. Die Königsherrschaft Gottes wird in der apokalyptischen Vision als das „neue Paradies" und als „himmlisches Jerusalem" dargestellt. Und diese „hohe Stadt" ähnelt in ihrer künstlerischen Gestaltung auf verblüffende Weise den tibetischen Mandalabergen, auf die der Meditierende steigt, um zur Erleuchtung und Verwandlung

Sündenfall und Vertreibung aus dem (kreisförmigen) Paradies
Buchmalerei aus: Trés Riches Heures des Jean de Berry, 1413–1416

zu kommen. Die ganze Kirchenbautradition und die christliche Bildkunst sind nicht verstehbar ohne das Basissymbol von der Heiligen Stadt. Schon die konstantinische Basilika wollte das himmlische Jerusalem abbilden; das mittelbyzantinische Kirchengebäude versteht sich als Abbild des Kosmos (mit einem Bereich der Finsternis und des Todes im Westen und einer „Tür des Paradieses", die bei den österlichen Gottesdiensten geöffnet wurde). Das romanische Kirchengebäude stellt eine „Himmelsburg" dar. Petrus ist der „Burgvogt" dieser Himmelsburg. Die Durchdringung von himmlischer und irdischer Sphäre ist ein konstitutiver Baugedanke, inmitten unserer Wirklichkeit ist ein Thronsaal für Gott bereitet.[11]

Das himmlische Jerusalem
Buchmalerei aus der Bamberger Apokalypse, Reichenau, 10. Jh.

Die Mandalas der Hildegard von Bingen

Im Rupertsberger Kodex der Hildegard von Bingen[12] finden sich besonders eindringliche Buchmalereien in Mandalagestalt. Das Auffällige ist hier, wie innig kosmologische, theologische und anthropologische Aspekte zusammenfließen. Auch hier sind die Kosmogramme gleichzeitig Psychogramme.

Zu dem Bild „Die wahre Dreiheit in der wahren Einheit" findet sich folgender Text der heiligen Hildegard: „Danach sah ich ein überhelles Licht und darin eine saphirblaue Menschengestalt, die durch und durch im sanften Rot funkelnder Lohe brannte. Das helle Licht durchflutete ganz die funkelnde Lohe und die funkelnde Lohe ganz das helle Licht. Und das helle Licht und die funkelnde Lohe durchfluteten ganz die Menschengestalt, als eine einzige Lichtfülle wesend in einer Kraft und Macht."[13] Das trinitarische Geheimnis wird als dynamische Spannungseinheit verstanden, in der Mitte des Kreises steht der Menschensohn.

Hildegard von Bingen, Liber Scivias,
2. Buch, 2. Schau: „Die wahre Dreiheit in der wahren Einheit",
Buchmalerei aus dem Rupertsberger Codex, um 1167

Das Bild mit dem Weltall wird von folgendem Text eingeführt: „Darauf sah ich ein riesenhaftes Gebilde, rund und schattenhaft. Wie ein Ei spitzte es sich oben zu, wurde in der Mitte breiter und nach unten zu wieder schmäler. Seine äußerste Schicht ringsum war lichtes Feuer… Das riesenhafte Gebilde… weist den Glaubenden hin auf den allmächtigen Gott, der unfaßbar in seiner Majestät, unerforschlich in seinen Geheimnissen, die Hoffnung aller Gläubigen ist.“[14]

In der Mitte dieses Bildes steht die Erde, umfaßt ist es vom göttlichen Feuerschwall. Das Bild ist durchzogen von zentrifugalen Kräften, und trotzdem wird das Ganze zusammengehalten und bleibt eine gefügte Einheit.

Hildegard von Bingen, Liber Scivias,
1. Buch, 3. Schau: „Das Weltall“,
Buchmalerei aus dem Rupertsberger Codex, um 1167

Das Bild mit den Chören der Engel ist ein besonders eindringliches Mandala. Die Entsprechung zum inneren Aufbau des Menschen fällt dabei besonders auf: Die Engelhierarchie ist in neun Kränzen kreisförmig um eine geheimnisvolle Mitte zentriert. Die äußeren Kreise der Engel und Erzengel stehen in der hildegardischen Theologie für Leib und Seele des Menschen. Die Kräfte, Mächte, Fürstentümer, Herrschaften und Throne für die fünf Sinne, die inneren Kränze der Cherubim und Seraphim einmal für das göttliche Wissen und das Feuer der Liebe, dann aber vor allem für die Liebe Gottes und der Nächsten.

Dahinter steht die Vorstellung, daß der Mensch zur Leib-Seele-Einheit werden muß, daß er die geistliche Entfaltung seiner Sinne erreichen soll, um ein-sehend wissen zu können und liebend entbrannt zu werden. Das ist die Entfaltung des Menschen.

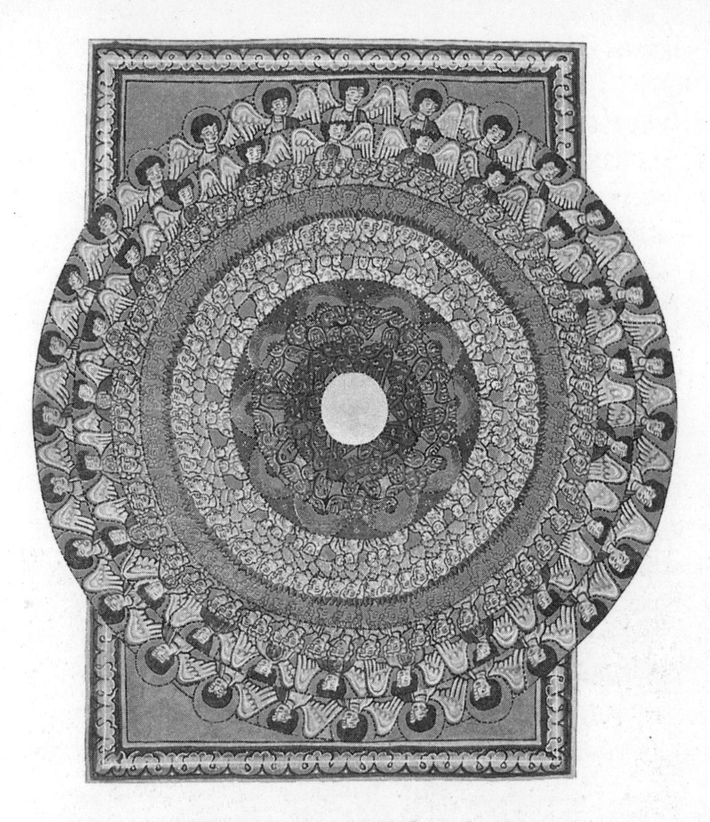

Hildegard von Bingen, Liber Scivias,
1. Buch, 6. Schau: „Die Chöre der Engel",
Buchmalerei aus dem Rupertsberger Codex, um 1167

Mandorla

Der Pantokrator in den ostkirchlichen Apsiden, aber auch den karolingischen und romanischen Buchmalereien wird meist mit einer ovalen Mandorla umgeben dargestellt. „Die Mandorla oder Aureole, eines der deutlichsten und erhabensten Attribute Christi, ist ein ikonographisches Sinnbild in der Gestalt eines Kreises oder Ovals und bedeutet den Himmel, die göttliche Herrlichkeit, das Licht. Sie besteht aus mehreren – gewöhnlich drei – konzentrischen Kreisen, die meistens verschiedene Abschattungen von Blau aufweisen und mit den von Christus ausgehenden Lichtstrahlen durchdrungen sind."[15] Jesus wird auf diesen Bildern als thronender Herrscher dargestellt, oft ruhen seine Füße auf der Erdscheibe, während sein Thron das Firmament ist. In seiner linken Hand liegt das Buch, die Rechte ist zu einer lehrenden Geste erhoben. Schon der Name „Pantokrator" weist darauf hin, daß Jesus als der Herr der gesamten Schöpfung verstanden wird, als Inbegriff ihrer Einheit und Gestaltwerdung.

Das ellipsenförmige Oval hat eine andere Grundsymbolik als der Kreis. Da hier zwei Brennpunkte eine bleibende Spannung aufrechterhalten, ist eine größere Dynamik erkennbar als in der reinen Kreisform. Jesus wird nun als der dargestellt, der die beiden Pole (des Himmlischen und Irdischen, des Göttlichen und Menschen, des Oben und Untern) zusammenfaßt und verbindet, aber es entsteht eben das Schwingende und Bewegte, das zur Ellipse gehört. Es mag sein, daß unserer westlichen Tradition diese dynamische Form des Ovals mehr liegt als die eher statische Form des Kreises.

Christus als Weltenherrscher
Buchmalerei aus dem Westminster-Psalter, 10. Jh.

Wirkkraft der Mandalas

Nun könnte man immer noch den Eindruck haben, es ginge hier um spezielle Einzelfragen der Kunstgeschichte und Ikonographie, die höchstens von historischem Interesse sein mögen. Aber es geht um mehr, denn die Bilderwelt der darstellenden Kunst steht ja in einer innigen Beziehung zur Bilderwelt unserer Seele. Die Urbilder in der menschlichen Tiefe müssen gehoben werden, es gibt symbolkräftige Bilder, die geburtshelferische Wirkungen haben. Es kann nicht belanglos sein, welche Bilder wir in unserer Umgebung haben, die auf uns einwirken und uns in eine Geschichte verstricken. Es gibt Bilder, die Ausdruck einer inneren Zerrissenheit sind und selbst wieder eine Diffusion auslösen. Aber es gibt eben auch Bilder mit einer versammelnden Kraft, die uns erfahrbar machen, daß wir eine Einheit sind. „Solche ‚Bilder der Mitte'", heißt es bei Rosenberg[16], „die Weg und Ziel in einem Gebilde zusammenfassen, üben durch die Fügung ihrer konzentrischen Kreise auf den Betrachter eine konzentrierende, einsammelnde und mittebildende Wirkung aus..., weil die kreisende und viergeteilte Mandalaform dem Strukturprinzip des seelischen Lebens wesenhaft entspricht." Wir brauchen heute kompensatorische Bilder, die uns wieder zurechtrücken, wenn wir dabei sind, uns in Belanglosigkeit zu verlieren, uns ins beliebige Vielerlei aufzulösen. Letztlich ist der Mensch immer auf der Suche nach seiner Einheit und Ganzheit. Was ihm dazu verhelfen kann, muß gestützt und gefördert werden. Dabei kann es nicht darum gehen, eine spannungslose Ruhe zu erreichen; für uns geht es um das Gleichgewicht der vielschichtigen Tendenzen.

Das Schicksal eines Menschen kann nicht isoliert betrachtet werden, er ist – ob er es weiß oder nicht, ob er es bejaht oder ob er sich dagegen sträubt – durch unzählige Fäden mit dem Schicksal anderer Menschen verbunden. C. G. Jung hat darauf aufmerksam gemacht, daß ein Mensch sein „Gegenwartsleben“ mit dem „Vergangenheitsleben“ verknüpfen muß[17]. Innere und äußere Bilderwelt, Außenerfahrung und die archetypische Symbolwelt korrespondieren miteinander. Sind einmal gültige Zeichen gefunden worden, künstlerische Gestaltwerdungen, die meditativ verinnerlicht werden können, dann dürfen sie auch nicht mehr in Vergessenheit geraten oder verdrängt werden.

Es soll nicht behauptet werden, daß die Mandalas und Yantras in der Tradition tantrischer Religiosität und die christlichen Mandalaformen identisch seien. Die asiatischen Bilder haben – bei aller dualen Spannung – eine monadische Grundstruktur, sie ruhen in sich selbst. Die christlichen Bildformen betonen ein bipolares Bauprinzip, ein dialogisches Schema von Ruf und Antwort. Als Pole des Daseins hat Guardini das „Oben“ und das „Innen“ bezeichnet, mir scheint, daß diese Pole sich in den christlichen Mandalas wiederfinden. Trotzdem ist die formale Ähnlichkeit in der Grundstruktur und den Symbolen auffällig. Es ist auch anzunehmen, daß die meditative Versenkung in die Bildzeichen eine vergleichbare Wirkung hat, mindestens insofern es sich um psychologische Symbole der Ganzheit handelt.

Shri-Yantra
Tibetisches Meditationsbild (Symbolische Darstellung der kosmischen Schöpfungskräfte; „Yantra" bedeutet „Werkzeug", „Gerät", „Apparat")

Radbild des Niklaus von Flüe (1417–1487)
Holzschnitt aus dem „Pilgertraktat“, Augsburg 1487

Mandala erleben

*I*n die meditative Tradition des Mandala kann man einen Menschen nicht durch intellektuelle Information einführen. Es mag aufschlußreich sein, Sachverhalte zu kennen und formales Wissen weiterzugeben, eine Hilfe für die eigene Existenz ist es aber nicht. Soll es also nicht eine distanzierte Beschäftigung mit einem „exotischen Thema" sein, dann muß versucht werden, in ein Bild hineinzusteigen und es in Beziehung zum eigenen Innenraum zu setzen. Besser noch ist es, wenn der Versuch gemacht wird, individuelle Mandalas zu malen[18], damit die kreative Tätigkeit zu einer Imagination führt, die von der persönlichen Struktur geprägt ist.

In einer kleinen Gruppe muß zunächst eine Atmosphäre entstehen, die eine meditative Imagination zuläßt. Es handelt sich nicht um einen Wettbewerb, bei dem es um „schöne Bilder" geht. Jeder muß „bei sich zu Hause" sein, muß in sich hineinhorchen können, damit ein Zeichen gefunden wird, das gerade ihm selbst einen Ausdruck gibt. Dabei geht es nicht um einen künstlerischen Selbstausdruck, sondern um ein Diagramm, das den divergierenden Kräften eine Mitte zuordnet, um die sich alles gruppieren kann.

In jedem Menschen finden sich chaotische Kräfte vor, gibt es ungelöste Spannungen und auflösende Tendenzen. Das Zeichen, das nun entstehen soll, kann dieser Auflösung entgegenwirken und alle „vagierenden" Strebungen mit dem Ganzen in Verbindung bringen und beheimaten. Ich erlebe mich zwar von hellen und dunklen Mächten durchzogen, aber Gegensatzpaare stehen in einer Zuordnung und müssen sich nicht verselbständigen: Der „hegende Kreis" bringt Ordnung in das Ganze. Ich kann mich geborgen fühlen, in einen Kreis hineingenommen und gehalten. Ich darf zu mir kommen und meiner Einheit innewerden. Ein Gleichgewicht wird in das Bild projiziert, das meiner gegenwärtigen Wirklichkeit vielleicht noch gar nicht entspricht, aber Mut macht, die Zerrissenheit nicht als unausweichliche Gegebenheit hinzunehmen. Der Malvorgang kann eine lösende Wirkung haben, er kann versammeln und zusammenbinden, er kann Ruhe vermitteln, er kann auch Zuversicht wecken.

Das Mandala kann aus ungegenständlichen und geometrischen Elementen bestehen, es kann auch figürliche Bestandteile einbeziehen (ausgestreckte Hände, Vögel, Augen, eine Blume, ein Rad). Meistens wird die Kreuzform vorkommen, das Viereck und der Kreis. Aber es sollten nicht absichtlich konventionelle religiöse Symbole einbezogen werden. Hat jeder „sein" Mandala gemalt, wobei jeder ausreichend Zeit haben sollte und die Maltechnik wählen kann, die ihm am meisten liegt, werden die Bilder in die Mitte gelegt und der Reihe nach betrachtet. Nach der schweigenden Aufnahme können Eindrücke und Beobachtungen mitgeteilt werden. Es soll weder bewertet noch interpretiert werden, aber die Einfälle und Wirkungen, die sich spontan einstellen, können ausgetauscht werden. So wie jeder sein eigenes Leben lebt und seine Geschichte erfährt, seine Spannungen durchleidet und seinen Namen vernimmt, so wird jeder auch sein Mandala malen oder zeichnen. Aber die Gemeinsamkeiten stellen sich ebenfalls ein und machen uns deutlich, daß unser Schicksal nicht voneinander ablösbar ist.

Einem Menschen dazu helfen, seine Mitte zu finden, um sich aus dieser Mitte heraus personal zu entfalten, das gehört zu den zentralsten Aufgaben jeder Erziehung. Einem Menschen seine Verflochtenheit mit dem Kosmos verstehbar zu machen, den Schwingungsraum in seinem Innern im Verhältnis zur gesamten Schöpfung, das betrifft die religiöse Dimension der Erziehung. Einem Menschen schließlich seine eigene Mitte als das Organ zu erschließen, mit dem er auf einen Anruf antworten und sich verantworten kann, das macht den Herzbereich einer dem Glaubenden verpflichtenden Erziehung aus. Ob nicht die Besinnung auf das Mandala eine bedeutsame Hilfe sein könnte?

Holzscheibe, die Schöpfungsordnung darstellend
Aus Morka (Somalia)

Anmerkungen

[1] D.J. Lauf, Das Erbe Tibets, München/Bern/Wien 1972, S. 119.
[2] G. Tucci, Geheimnis des Mandala, Weilheim 1972, S. 57.
[3] Ebd., S. 48.
[4] Blanche Christine Olschak, in Zusammenarbeit mit Geske Thupten, Mystik und Kunst Alttibets, Bern/Stuttgart 1972, S. 34.
[5] C.G. Jung, Welt der Psyche, Zürich 1954, S. 114.
[6] Ebd., S. 114.
[7] Marie-Louise von Franz, Der Individuationsprozeß, in: C.G. Jung, Der Mensch und seine Symbole, Olten 1968, S. 213.
[8] Aniela Jaffé, Bildende Kunst als Symbol, in: C.G. Jung, Der Mensch und seine Symbole, Olten 1968, S. 241.
[9] C.G. Jung, Wotan, in: ders., Aufsätze zur Zeitgeschichte, Zürich 1946, S. 18.
[10] Alfons Rosenberg, Die christliche Bildmeditation, Planegg 1955, S. 180.
[11] Vgl. dazu H. Sedlmayr, Die Entstehung der Kathedrale, München 1950, S. 118ff.
[12] Vgl. das Buch: Hildegard von Bingen, Wisse die Wege, Salzburg, 17. Aufl. 1981 (mit Farbreproduktionen der drei hier nur einfarbig gedruckten Bilder).
[13] Ebd., S. 154.
[14] Ebd., S. 109 und 111.
[15] Leonid Ouspensky/Wladimir Lossky, Der Sinn der Ikonen, Bern 1952, S. 81.
[16] A. Rosenberg (s. Anm. 10), S. 177.
[17] C.G. Jung, Zur Psychologie des Kind-Archteypus, in: Bd. 9 der Gesammelten Werke, Teil I, S. 115f.
[18] Vgl. die Abbildungen individueller Mandalas, in: Jolande Jacobi, Die Psychologie von C.G. Jung, Zürich, 5. Aufl. 1959; dies., Vom Bilderreich der Seele, Olten 1969.

Das Mandala – ein Teil von mir

Werkstattgespräch mit dem Mandala-Künstler Johannes Frischknecht

Kannst Du Dich an den Moment erinnern, als Dir bewußt wurde, daß das Mandala Dein Lebensthema wird?

Es ist nicht mein Thema, das ist dualistisch gedacht. Das Mandala steht mir nicht gegenüber. Es ist ein Teil von mir. Es lebt in mir. Diese Gewißheit ist langsam gewachsen.

Was bedeutet Dir das Mandala heute?

Es ist die Quelle, aus der ich Kraft für das Leben schöpfe. Ich rauche nicht, ich trinke nicht, ich nehme keine Drogen, aber ich kann nicht ohne Mandalas leben. Sie sind mir auch Spiegel, ich kann sehen, wie ich mich verändere.

Was ist ein Mandala?

Eine Kraftquelle, wie gesagt. Eine Ursonne. Es ist der Mittelpunkt, den wir für uns selbst im Universum darstellen. Kein schwarzes Loch, sondern eine Lichtquelle. Das Mandala ist Gleichgewicht zwischen innen und außen, zwischen Ich und Du, zwischen Vergangenheit und Zukunft.

Ich habe eigentlich den Eindruck, man spreche bei manchen Bildern zu schnell von Mandalas. Wäre es nicht besser, den Begriff rigoroser zu definieren?

Traditionelle Mandalas sind Einweihungsbilder; eigentlich gar keine Bilder, sondern göttliche Paläste, in denen der Adept der Gottheit begegnet und sich durch die Initiation mit ihr identifizieren lernt. Etwa nach dem Prinzip: Du bist nach dem Ebenbild Gottes erschaffen. Lerne, dich deiner Göttlichkeit zu erinnern und anzunähern! Meine Bilder sind keine traditionellen Mandalas. Aber sie zeigen eine wichtige Dimension, die im Osten und im Westen Gewicht hat, nämlich die der Ganzheit. In beiden Kulturen erfahren Menschen im Alltag den fragmentarischen Charakter des Lebens. Mandalas führen zurück zur Ganzheit, zum Sinn. Der weltanschauliche Hintergrund ist verschieden, das ist klar.

Hast Du Mandalas auch schon anders als mit Papier und Stift gestaltet, etwa mit Sand oder Blumen?

Du darfst Mandala nicht einengen auf das, was man sieht, auf dem Papier. Mein Herz ist ein Mandala, mein Körper. Unsere Erde, das Universum ist ein Mandala – und das Schweigen. Alles, was ich tue und nicht tue, ist Mandala.

Mandalas fördern Selbständigkeit
und Selbstverantwortung.
Das Zentrum des Bildes
hat eine Entsprechung im Betrachter selbst.
Es wächst die Kraft,
dem Leben zu dienen,
und der Mut,
das eigene Leben zu leben.

Beim Mandala-Malen zurückfinden zum Kreis,
in dem es kein Oben und Unten gibt.
Urdemokratie.
Alle sind gleich weit entfernt vom Zentrum,
von der Macht,
von der Liebe. Oder gleich nahe!

Damit habe ich einige Mühe. Der Begriff wird mir dabei auch etwas schwammig und unverbindlich. Andererseits denke ich an die Ikonenmaler in der Ostkirche, die Ähnliches von ihrer Malerei sagen. – Ich kann mir gut vorstellen, ein Mandala zu tanzen oder mit den Schuhen in eine frisch verschneite Wiese zu „stampfen".

Natürlich. Meine Fußbilder sind getanzte Mandalas. Alle Rundtänze sind Rituale, Mandalas mit anderen Worten.

Was ist ein geistiges Mandala?

Das Schweigen. Das absolute Mandala ist das weiße Blatt. Die Situation vor der Geburt: das Schweigen, bevor das Wort die Dualität ankündigt; das Sein, bevor es gedacht wird; der Raum, bevor die Elemente entstehen; der zeitlose „Moment" vor Vergangenheit und Zukunft.

C. G. Jung hat das Mandala-Malen therapeutisch eingesetzt und darüber geschrieben. Hat er Dich irgendwie beeinflußt?

Kaum. Ich habe schon in der Kindheit meinen ganz eigenen Zugang gefunden. Aber ich schätze Jung, weil er in intellektuellen Kreisen nicht nur das Mandala bekanntgemacht hat, sondern auch eine Lanze brach für bisher verachtete Hochkulturen.

Sollte man Mandalas deuten?

Nein. Mandalas sollen ganzheitlich, schöpferisch erfaßt, erlebt werden. Da ist das Deuten nur hinderlich. Worte bilden immer nur Stückwerk. Nur alle Menschen zusammen, ewig schweigend, könnten das „Es“ des Mandalas ausdrücken.

Kannst Du etwas zu Deiner Maltechnik sagen?

Meine Technik ist nichts Perfektes, sie ändert sich immer wieder. Viele Mandalas sind mit Farbstiften gemalt, nichts anderes.

Du investierst Hunderte von Stunden in ein einziges Mandala. Bist Du ein besonders geduldiger, beharrlicher Mensch?

Im Gegenteil, ich bin besonders ungeduldig. Aber ich habe eingesehen, daß man seiner Aufgabe nicht entgehen kann.

Du arbeitest an einem Bild wie ein Architekt an einem großen Gebäude. So kommt es mir jedenfalls vor. Hast Du schon am Anfang das fertige Bild im Kopf?

Ich bin wie ein Tiger auf der Jagd, gespannt und entspannt zugleich, jederzeit bereit zum Sprung, jeden Moment die Veränderung genießend. Manchmal weiß ich zwei, drei Schritte voraus. Wie ein planierter Fluß mit Hochwasser gewähre ich der Spontaneität Vorrang, wenn sie sich neue Wege sucht.

Hast Du nicht gelegentlich Lust auf „wilde Malerei“, auf das Gestalten mit großen, wuchtigen Pinselstrichen?

Ich tanze ja wie ein Wilder um mein Bild herum und lege meine ganze Kraft und Potenz ins Bild hinein. Nicht die Malerei ist wild, die ist ernst und gesammelt, aber das Mal-Ritual und der Künstler selbst kommen aus der Wildheit.

Ich möchte gern noch etwas mehr von Deinem Werdegang erfahren. Bist Du in einer Familie aufgewachsen, in der Kunst und Malerei geschätzt wurde?

Geschätzt ja, aber verstanden? Wer versteht den Kampf und das Leiden eines Künstlers, eines Verrückten?

Wer oder was hat Dich in der Jugend geprägt?

Meine Sehnsucht, in ein tropisches Land zurückzukehren.

Was heißt „zurückzukehren“?

Ich hatte schon sehr früh das Gefühl, zu einer anderen Rasse zu gehören.

Bist Du christlich erzogen worden?

Ja, aber in meiner Seele bin ich ein Wilder geblieben. Kein Musterbeispiel für christliche Erziehung.

Kannst Du Dich an Deinen Konfirmationsspruch erinnern?

Ja. Ich bin an diesem Tag allein in den Wald gegangen, als alle meines Jahrgangs reich beschenkt konfirmiert wurden, blieb also der Feier fern. Im Wald habe ich mir selbst den Spruch eines Nichtchristen gegeben: „Lebe, wie du, wenn du stirbst, wünschen wirst, gelebt zu haben“ (Mark Aurel).

Kannst Du Dir eines Deiner Bilder in einer katholischen Kirche vorstellen?

Meine Vorstellungskraft ist unbegrenzt.

Was bedeuten Dir Nikolaus von Flüe und Franz von Assisi?

Beide sind für mich wahre Heilige, Vorbilder, Künstler, Inspirierte. Beide sind ins Leere gesprungen und haben dort Halt gefunden.

Braucht es zum Mandala-Malen weltanschauliche Voraussetzungen? Kann ein Nihilist Mandalas malen?

Wir alle haben jederzeit alle Voraussetzungen – einen leeren Geist! Wenn ein Nihilist die Existenz eines absoluten Selbst verneint, ist er dem Wesen, der Essenz, des Mandalas schon sehr nahe. Mandalas sind keine schöngeistigen Gebilde für erbauliche Stunden. Sie gehen an die Wurzel, stellen Fragen radikal. Mit Antworten lassen sie sich Zeit.

Sich ergehen in der Landschaft eines Mandalas.
Aufatmen in blühenden Gärten,
Schutz suchen in dunklen Höhlen,
Grenzen erfahren.
Bewußtsein gewinnen
und die eigenen Wurzeln entdecken.

Leben ist ständige Bewegung
von innen nach außen
und von außen nach innen.
Wer innen verstanden hat,
dem bleibt nur, nach außen zu gehen.
Bleibt er innen, steht er still und stirbt.

Welche Chancen gibst Du den Religionen in unserer Zeit?

Wenn Religionen den Blick auf die Ganzheit schulen und radikal zurückbinden auf die eben angesprochenen Fragen, haben sie Zukunft, sind sie geradezu not-wendig. Als Diktaturen politischer oder spiritueller Art sind sie nicht nur überflüssig, sondern gefährlich.

Bist Du politisch engagiert?

Künstler sein heißt Stellung nehmen, manchmal über-persönlich, über-politisch, para-politisch.

Was heißt das konkret?

Tagespolitische Fragen greifen oft zu kurz. Der Künstler führt zu existentiellen Fragen. Und vor allem ist ihm das Fragen wichtiger als das Antworten.

Bist Du Mitglied einer Partei?

Nein. Oder doch, in der Partei, in der wir alle vereint sind, jung und alt, Linke und Rechte, Kinder und Großeltern, Prostituierte und Heilige. Wir alle brauchen uns alle. Wir sind alle gleich und brauchen die Liebe und Selbstverantwortung eines jeden.

Suchst Du Anschluß an bestimmte Gruppierungen, z. B. in der Esoterik?

Eigentlich nicht. Gruppen kapseln sich leicht ab. Schwache Menschen brauchen Gruppen, um sich von andern zu unterscheiden. Mir ist es ein Anliegen, Freunde zu haben in allen Schichten. Ein sogenannter Atheist kann viel spiritueller sein als mancher Gläubige. Wir brauchen selbständige Persönlichkeiten, nicht Herden.

Wie wichtig ist Dir das Reisen?

So wichtig wie Schlafen, Träumen, Erwachen, Lieben. Reisen ist ja auch Ersatz für die Kriegerseele im Mann. Es hat mit der Jagdlust zu tun, mit der Freude an Entdeckungen. Wer reist, lernt auch das eigene Land besser schätzen.

Was wäre für Dich das größte Unglück, das größte Glück?

Alles zu gewinnen, wäre ein Unglück. Alles zu verlieren, kann ein großes Glück sein. Ich habe es erfahren.

Ist Dir gesellschaftliche Anerkennung wichtig?

Für meine persönlichen Bedürfnisse kaum. Aber wenn ich meine Aufgabe als Sprachrohr erfüllen will, absolut ja.

Gibt es in der Malerei Vorbilder für Dich?

Keine Vorbilder, aber Verwandte. Eigentümlicherweise sind beide Schweizer: Emma Kunz und Adolf Wölfli. Dazu käme in der Bildhauerei Brancusi und alle afrikanischen Künstler und die Naturvölker.

Bist Du ein Guru?

Nein, höchstens ein Kän-Guru, das immer einige Junge mit sich herumträgt.

Was antwortest Du, wenn jemand sagt, Deine Bilder seien keine Kunst, sondern höchstens Kunsthandwerk, Ornamentik?

Worte sind dualistisch. Manchmal heißt gut schlecht und umgekehrt. Was soll ich sagen? Ich gebe dem recht, der recht haben will. Wenn es jemand so sieht und ehrlich sagt, o.k. Das ist für mich in Ordnung. Was soll der Streit um Kunst? Darum geht es doch gar nicht.

Was ist der Sinn des Lebens?

Es zu leben.

Das Gespräch mit Johannes Frischknecht (geb. 1956 in Fehraltorf/ Schweiz) führte Bruno Dörig.
Ein Mandala von Johannes Frischknecht zeigt das Umschlagbild von „Kraftquelle Mandala". Es handelt sich um ein Motiv aus seinem im noah-verlag, Schitterstr. 7A, CH-9413 Oberegg, erschienenen Buch: Johannes Frischknecht, Mandalas, Oberegg/Schweiz, 2., veränderte Auflage 1994 (ISBN 3-907145-10-0). Auch die – hier nur einfarbig – wiedergegebenen Mandalas Seite 79/80 und 85/86 und darunterstehenden Texte sind diesem Werk entnommen.

Aus der Kraft des Kreises schöpfen

Anregungen für Gruppen

von Bruno Dörig

Wenn die Seele das Maß verliert,
wenn sie die Mitte verläßt,
verläßt sie auch die Menschlichkeit.
Die Größe der menschlichen Seele besteht darin,
daß sie es versteht, sich in dieser Mitte
– gewonnen aus einer maßvollen Existenz –
zu halten.
(Winfried Hover)

In der Beschäftigung mit Mandalas können Menschen mit verschiedenen Lebenserfahrungen und unterschiedlichem weltanschaulichen Hintergrund etwas Gemeinsames entdecken, nämlich die Faszination des Kreises, der als Ursymbol eine so große Kraft hat. Es gilt, diese Urkraft neu zu entdecken und in Schule, Familie und Gemeinde hinein fruchtbar werden zu lassen. Diese Entdeckungsreise, die wir in Respekt und Toleranz unternehmen, zeigt den reichen Schatz an Bildern und kulturellen Elementen in anderen Ländern und führt fast gleichzeitig zu Wiederentdeckungen im eigenen Kulturkreis. Mandalas haben ihren Ursprung im Osten, in einer nicht-christlichen Religion, in

der sie einen hohen Stellenwert haben und eine Bedeutung, die sich uns nicht auf Anhieb erschließt. Aber Mandalas sind auch und in erster Linie Kreisbilder, und als solche können sie uns ansprechen und in ihrer Aussagekraft erreichen.

Vielleicht braucht es manchmal einen Anstoß von weither, um Schätze in der eigenen Kultur neu zu entdecken. So sind etwa Asienreisende, die sich zu meinen Kursen anmelden, überrascht, im Radbild des Nikolaus von Flüe ein ganz und gar christliches „Mandala" zu entdecken. Wer sich von der sammelnden Kraft der Kreisbilder ansprechen läßt, wird sich freuen an der Kunst des Abendlandes, die oft zentrale Themen des christlichen Glaubens in Kreisbildern ausdrückt, besonders schön in den Rosetten der gotischen Kathedralen. Mit ebenso viel Interesse wird er mitverfolgen, wie tibetische Mönche in geduldiger Kleinarbeit und mit rituellen Gesängen ein Mandala aus farbigem Sand auslegen.

In den letzten Jahren ist das Interesse an Mandalas stark gestiegen. Besonders LehrerInnen und KatechetInnen haben entdeckt, daß mit Mandalas einfache Formen des Verweilens und des Vertiefens, ja der Meditation, möglich sind. Besonders leicht ist der Zugang über das Ausmalen von Mandala-Vorlagen. Warum?

Es gibt kein falsch oder richtig

Wenn auf einem Tisch Mandala-Vorlagen und eine Schachtel Farbstifte liegen, braucht es keine Erklärung mehr. Kinder beginnen gleich mit dem Ausmalen. Erwachsene fragen vielleicht noch, ob man in der Mitte oder außen beginnen müsse. In einem Umfeld, in dem es meistens um richtig oder falsch geht, ist es wohltuend, in eine Tätigkeit einzusteigen, bei der man keine Fehler machen kann. Das setzt offensichtlich innere Energie frei, die seelischen Kräfte werden gestärkt. Ähnlich wie beim Singen stellen sich Kinder beim Mandala-Malen auf etwas ein, das mehr mit Muße als mit Leistung zu tun hat.

Stärkt die Seele

Das Erstaunlichste beim Ausmalen in Klassen und Gruppen ist die ruhige und besinnliche Atmosphäre, die in den Raum einzieht. Das bestätigen mir LehrerInnen aller Schulstufen dutzendfach. Auch im sogenannten kritischen Alter (Pubertät) ist es möglich, daß Schüler und Schülerinnen auf das Angebot positiv reagieren. Mag sein, daß das Aufkommen von mandala-artigen Gebilden in der Mode, etwa auf T-Shirts und Pullovern, mithilft. Entscheidend ist aber sicher, daß viele spüren, daß diese Beschäftigung gut tut. Die vorgegebene Form befreit vom Druck, kreativ sein zu müssen. Die Mitte, ein starkes Zentrum, ist vorgegeben. Ich kann mich sozusagen an ein Gerüst anlehnen und doch vieles von mir selbst einbringen. Diese Situation, die sich wahrscheinlich psychologisch erklären ließe, kommt nicht nur jungen Menschen entgegen.

Ich gebe mich in ein schützendes Gefäß und überlasse mich den Einfällen der Stifte in meinen Händen. Über die Motorik der Hände entsteht mit den vielen Wiederholungen ein „Arbeitsrhythmus", der viel in meinem Innern lockern und frei machen kann.

Kindergärtnerinnen und LehrerInnen, die dem Mandala-Ausmalen einen festen Platz im Wochenplan gegeben haben, berichten davon, daß die Vorfreude auf diese Stunde besonders groß sei. Man sehe es den Kindern an (Haltung, Gesichtsausdruck, Kommentare), daß sie diese Stunden als seelische Erholung betrachten.

So könnte man aus den Erfahrungen der letzten Jahre folgern, daß der Umgang mit Mandalas zur seelischen Gesundheitsvorsorge beitragen kann. Die seelischen Belastungen, denen auch Kinder und Jugendliche ausgesetzt sind, werden ja nicht geringer. So darf man sich schlicht freuen, daß in dieser einfachen Möglichkeit der seelischen Erholung ein wertvolles Instrument gefunden wurde. (Auch wenn damit nur ein kleiner Teil dessen übernommen wird, was Mandalas von ihrem Ursprung her meinen; von Kulturplünderei muß deswegen noch nicht die Rede sein.)

Führt zur Stille

Wer andere zum Mandala-Ausmalen anregt, bietet gleichzeitig eine ganz unverkrampfte Begegnung mit der Stille an. Auch dies belegen viele Rückmeldungen. Wenn eine Gruppe (oder die Mehrheit in einer Gruppe) wirklich aufs Ausmalen einsteigt, dann entsteht in der Regel eine Atmosphäre der Besinnung und Stille. Eine ruhige Musik kann zum Einstieg eine Hilfe sein. Ich rate allerdings, früher oder später wirklich die Stille (ganz ohne Plauderei und ohne Musik) als wichtiges Element dieser Stunde durchzusetzen. Es ist oft nicht möglich, Gruppen einfach so mit der Stille zu konfrontieren, in totaler Passivität. Aber in Verbindung mit dem Malen, wo die Bewegung vom „Mundwerk" in die Hände gleitet, eine gewisse Tätigkeit da ist, kann die Stille wie ein Geschenk dazukommen. Das ist in einer Zeit der fast totalen Beschallung und Berieselung nicht unwichtig. Es gibt, was die Schule betrifft, mittlerweile Lehrkräfte, die die Stille und das Schweigen wieder ganz bewußt in der Schule vorkommen lassen.

Wirkt wie ein Magnet

Mir persönlich kommt beim Ausmalen von Mandala-Vorlagen oft in den Sinn, was der Psychologe C. G. Jung gesagt hat: Mandalas wirken wie Magnete auf das widersprüchliche „seelische Material“ in uns. Darum können sie eine wertvolle Hilfe im persönlichen Reifungsprozeß werden.

Die große integrative Kraft der Mandalas ist mir schon sehr früh aufgefallen, bei mir selber und bei meinen Klassen und Gruppen. Wenn am Ende eines Schul- oder Kurstages die Stifte sich über die Mandalas bewegen, kommt mir das

Ganze vor wie eine große Geste des Einholens und Sich-Sammelns. Was geschah, was getan und gesprochen wurde, kann sich auf eine Mitte hin bewegen und sich setzen; es bekommt einen Platz. Einzelne Teile haben einen Bezug zueinander. Ganzheit wird erahnbar. Das Mandala ist das „Gefäß“, das auffängt, was wir erleben – und dadurch verhindert, daß alles auseinanderläuft. Es sind keine verbalen Antworten auf Fragen nach dem Sinn einzelner Erfahrungen. Aber das Mandala bietet ein „Muster“ an, in das ich ablegen kann, was mich beschäftigt...

Die sammelnde Kraft der Mandalas kann auch in einer Gruppe wirksam werden (nicht nur im einzelnen) und Gemeinschaften entstehen lassen. Wenn mir als Lehrer oder Kursleiter wichtig ist, daß Gemeinschaft zum Tragen kommt, dann werde ich mit Bedacht Mandala-Malen einsetzen.

Mandala-Malen ist wie Brotbacken

Was kann geschehen, wenn ich mich aufs Mandala-Malen einlasse? In letzter Zeit ist mir aufgefallen, daß sich Mandala-Malen und Brotbacken gut miteinander vergleichen lassen.

Wenn ich vorhabe, ein Brot zu backen, bereite ich vor, was ich dazu brauche, und ich reserviere mir Zeit dafür. Da liegen Hefe, Salz, Wasser und verschiedene Mehle aus meiner Vorratskammer. Ich mische die Mehle so, wie ich es aus dem Augenblick heraus mag; gelegentlich gibt es noch andere Zutaten, Nüsse, Sesam, Apfelstücke oder Zwiebel und Speckwürfel. Dann beginnt das Mischen und Kneten. Darauf freue ich mich besonders. Ich sehe, wie sich der Teig bildet, ich rieche ihn, ich höre die leisen Bewegungen des Knetens, und vor allem brauche ich den Tastsinn meiner Hände. Ich erspüre die Feuchtigkeit des Teiges und füge je nach Bedarf Mehl oder Flüssigkeit dazu. Ich erfühle mit den Händen den richtigen Moment zum Aufhören. Der Teig soll leicht, luftig und geschmeidig sein. Man kann ihn auch verkneten, bis er zäh wird.

Dann braucht der Teig Ruhe, damit er aufgehen kann. Schließlich schiebe ich ihn nach nochmaligem Aufarbeiten und nachdem ich ihn in die gewünschte Form brachte, in den Ofen. Ich freue mich schon jetzt auf den Duft frisch gebackenen Brotes. Und wenn dann die Familie das Brot mit Genuß verzehrt, ist die Welt in Ordnung.

Wenn ich ein Mandala ausmalen will, lege ich als erstes meine Malutensilien bereit. Meistens sind es Aquarellfarb-

stifte, die ich vorher spitze. Ich lasse mich auf etwas ein, das seine Zeit braucht. Darauf stelle ich mich ein. Dann beginne ich zu malen, ganz aus dem Moment heraus. Fast spielerisch wähle ich jene Farben aus, die zu dem passen, was mich im Augenblick beschäftigt. Es ist keine Schulaufgabe, die ich gehorsam zu erledigen habe. Die Mandala-Vorlage oder der leere Kreis sind eine Einladung zum Verweilen. Ich mache immer wieder Pausen und schaue, was entsteht. So bekommt das Mandala eine bestimmte Gestalt, die sich ganz aus dem ergibt, wie ich mit Leib und Geist und Seele gegenwärtig bin. So wie das Brot die Hefe braucht, so ist für

das Mandala meine Gegenwart wichtig. Durch meine Achtsamkeit, meine Geduld und meine Fähigkeit, etwas entstehen zu lassen, kann das Mandala aufgehen wie ein Brot. Und wenn ich dabei wie von selbst aufatme und tief durch-

atme, entdecke ich, daß auch in mir selbst etwas aufgeht. Es wird leicht und luftig, Freude kommt auf.

Mandala-Malen und Brotbacken sind etwas Sinnliches. Was entsteht, kann man anschauen, das Brot kann man in die Hand nehmen und teilen. In beidem kann viel von mir, von meiner „Seelenkraft“ drin sein.

Das Mandala ist nicht nur ein Bild. Das Mandala entsteht in meinem Innern, wenn es mich bewegt. Vom Rand zur Mitte, von der Mitte zum Rand.

Mandalas anschauen und betrachten

Das Ausmalen von Mandala-Vorlagen darf einen festen Platz in Schule und Erwachsenenbildung haben. Aber ich empfehle eine Weiterführung. Es kann die Begegnung mit Kreisbildern nur bereichern. Hier ein paar Vorschläge.

In einer Zeit der vielen und schnellen (bewegten) Bilder tut die Rückbesinnung auf das eine, stillstehende Bild gut. Wir legen in Klassen und Gruppen ein Mandala (als Poster oder im Dia) zum ruhigen Betrachten vor, möglichst mehrmals. Wir setzen uns der sammelnden Wirkung des Bildes aus. Ein Gespräch kann sich anschließen oder ein ruhiges Niederschreiben der Gedanken und Gefühle beim Betrachten.

Mandalas sind keine Ornamente, sondern Bilder mit einer ganz eigenen Atmosphäre, mit einer Ausstrahlung und Energie, die sich auf uns Betrachter übertragen kann. So lasse ich mich von der „Melodie“ im Bild leiten, verfolge die Linien, die vom Rand zur Mitte und wieder zurück führen. Ich sehe die Formen, die Farben, einzeln und in ihrem Bezug zueinander. Ich achte auf Wiederholungen, regelmäßige Bewegungen und auf Überraschendes. Vielleicht kommt

die Empfindung von Schönheit und Harmonie auf. Im besten Fall wird spürbar, wie die Mitte des Mandalas eins wird mit der Mitte in mir selber.

Bildbetrachtungen sind in der Schule nach wie vor eine feste Größe. Es gibt ja auch Verbindungslinien zu anderen Fächern (Kunst, Geschichte etc.). Wenn Mandalas in einer Klasse fächerübergreifend zum Thema werden, empfiehlt es sich, eine kleine Ausstellung zu organisieren. Da, wo es die räumlichen Verhältnisse zulassen, könnte man eine kleine Meditationsecke einrichten, deren Zentrum ein Mandala ist. Die Schülerinnen und Schüler können sich dorthin zurückziehen in Vertiefungs- und Ruhepausen.

Das freie Zeichnen und Malen

Wo bleibt das Kreative? Ausmalen ist ein Rückfall! So kommentieren gelegentlich Kollegen, wenn sie vom Mandala-Ausmalen hören. Was ist darauf zu antworten?

Beim Ausmalen geht es weniger um das kreative Gestalten als viel mehr um eine Möglichkeit der seelischen Erholung, der Stille und Besinnung.

Das Kreative im Umgang mit Mandalas kann und soll dazu kommen. Es geschieht einerseits im Zeichnen von Mandala-Vorlagen nach eigenen Vorstellungen (und zuhanden der MitschülerInnen), andererseits im freien Mandala-Malen mit Wachskreide oder mit deckenden Farben, eventuell auch mit Aquarellfarben. Die Kreisform eignet sich da sehr gut, wo es um das Darstellen von persönlichen oder gesellschaftlichen Inhalten geht. Auch hier ist der Kreis das Gefäß für etwas Ganzes, für einen (Sinn-)Zusammenhang. Gemeinschaftsfördernd ist das Arbeiten mehrerer Personen an einem Kreisbild.

Mit verschiedenen Materialien gestalten

Tibetische Mönche gestalteten vor ein paar Jahren im Rahmen einer Ausstellung in Zürich ein großes Mandala. Konzentriert und präzise zeichneten sie mit Schnur und Zirkel die Mandalafigur auf den Boden. Schweigend und in sich gekehrt ließen sie dann verschiedenfarbige Sandkörner auf die Zeichnung rieseln. Allmählich entstand ein herrlich bunter Teppich. Das hat in der Öffentlichkeit große Beachtung gefunden, nicht zuletzt deshalb, weil die Mönche am Ende Besen und Schaufel nahmen, den Sand nach einem bestimmten Ritus zusammenwischten und schließlich das Resultat einer ganzen Woche in die nahe Limmat schütteten.

An diesem Beispiel wird auch deutlich: Daß das Mandala in seiner angestammten Kultur eben eine andere Bedeutung hat, das darf man bestimmt nicht wegdiskutieren. Es zeigt auch, daß beim Mandala-Malen und -Gestalten der Prozeß wichtiger ist als das Resultat. Was uns aber sicher gut zugänglich ist, das ist die Gestaltung von Kreisbildern mit verschiedenen Materialien als Gemeinschaftswerk. Es kann durchwegs das gleiche Material sein, zum Beispiel eben Sand oder Blumen, Sämereien oder Steine. Bei solchen Vorhaben kann sehr schön zum Tragen kommen, wie wichtig es ist, als einzelne an einem Gesamtwerk mitzuarbeiten. Die Verschiedenheit der einzelnen Personen wird aufgenommen in einem größeren Ganzen.

Der Kreis „hilft" das Gemeinsame, das Verbindende zum Ausdruck zu bringen. Das Schwache steht neben dem Starken, das Helle neben dem Dunklen, die vielfach repetierte

Idee neben dem originellen Einfall etc. Der Kreis ist immer mehr als die Summe der Einzelteile.

Besonders empfehlen möchte ich Mandala-Gestaltungen mit Naturmaterialen. Voraus geht ein Gang in die Natur, jeder für sich. Die Wahrnehmung der Farben und Formen wird geschärft. Dann werden die Sammelstücke zusammengetragen, und die gemeinsame Arbeit beginnt. Als Leiter achte ich darauf, daß alle möglichst gleichmäßig zum Zug kommen.

Dieser Vorschlag läßt sich gut mit einer Erntedankfeier verbinden, wo der Schwerpunkt dann auf Früchte gelegt wird.

Kreisformen darstellen

Die Beschäftigung mit dem Mandala kann eine vertiefende Weiterführung erfahren, wenn man auf die Sitzordnung im Raum hinweist. Was heißt es, im Kreis zu sitzen? Wie fühle ich mich dabei, im Unterschied zur frontalen Sitzordnung? Der Kreis des Mandalas mir gegenüber hat eine Entsprechung in mir als einzelnem und in uns als Gemeinschaft. Wir reden ja von Gesprächskreis oder daß wir uns im „Kreise der Lieben" treffen. Diese Entdeckung kann leibhaftig gemacht werden, wenn der Stuhlkreis, auf dem die Gruppe sitzt, der äußere Kreis eines gestalteten Mandalas wird. Wer in Schule und Erwachsenenbildung mit Menschen zusammenarbeitet, die etwas von Tanz verstehen, sollte die Zusammenarbeit suchen. Die Kreistänze führen Mandala-Erfahrungen in eine weitere Dimension. Es gibt unzählige Möglichkeiten, das Thema Kreis/Mandala in vielen Formen zum Thema auch einer Abschlußfeier oder einer Sonderwoche in der Schule zu machen.

Mandala-Ideen

Es ist eine Art Faustregel für den Einsatz von Mandalas in Familien, Klassen und Gruppen: Ich muß die momentane Situation in der Gruppe im voraus erspüren und dann eine angepaßte Form wählen. Darum verzichte ich im folgenden auf genaue Beschreibungen des Ablaufs. Es sind Ideen und Anregungen, die verschiedene Ausformungen haben können. Ich vertraue auf die Intuition der Leserinnen und Leser.

Mandala-Korrespondenz. Mit dem Ausmalen eines Mandalas anfangen, dann zum Weitermalen an Bekannte, Freunde und Verwandte schicken, eventuell mehrmals hin und her.

Fotografieren. Kreisformen in der Natur, an Gebäuden, auf Verpackungen, in Kirchen usw. suchen, fotografieren oder zeichnen, ein Album anlegen oder einen Poster damit gestalten.

Großformatig. Ein Mandala großformatig auf eine Mauer oder auf eine Hauswand kopieren und Passanten zum Mitmalen einladen und so Gemeinschaftssinn fördern.

Mandala-Choreografie. In Anlehnung an bekannte Kreistänze bewegte Mandala-Bilder entwickeln, festhalten, einüben und an sammelnden Orten (Innenhöfen) aufführen; wenn möglich so, daß ZuschauerInnen von oben auf das

„Bild" schauen können. Kleider, T-Shirt und Hosen farblich aufeinander abstimmen. Aufführung auf Videofilm festhalten, damit die DarstellerInnen ihr bewegtes Bild auch anschauen können.

Mandala-Tagebuch. Auf einen Papier- oder Kartonbogen einen Kreis von mindestens 50 cm Durchmesser zeichnen und die Mitte bestimmen, eventuell auch die 12 Monate einteilen und sich dann entscheiden, jeden Tag ein Wort, kurze Sätze, eine Farbe, eine kleine Zeichnung (inkl. Datum) einzutragen und so das Jahr als Kreisbild wachsen lassen.

Mandala-Tuch. Mandala-Vorlage auf ein großes Tuch kopieren oder das Mandala-Tuch mit Rosette kaufen und mit Textil-Stiften ausmalen in der Gruppe oder in der Klasse mit Absprachen in bezug auf die Farbgestaltung und dann in einem öffentlichen Gebäude (Kirche, Halle) der Öffentlichkeit zeigen.

Kuchen (1). Mandala-Poster in 4–12 Teile (Kuchenstücke) schneiden, die Stücke von verschiedenen Personen ausmalen lassen (eventuell mit Absprachen über Farbkombinationen) und dann auf schwarz bemalten Karton mit fünf Millimeter Abstand dazwischen aufkleben: wirkt wie ein Glasfenster.

Atelierbesuch. Es gibt nicht wenige Künstler und Künstlerinnen, die bevorzugt im Kreis malen und gestalten. Einige nennen sich ausdrücklich Mandala-Künstler oder Mandala-Maler. Mit ihnen über die Bedeutung des Kreises ins Gespräch kommen, kann sehr bereichernd sein.

Kreistexte. Gedichte oder kurze Prosatexte in Kreisform oder spiralig schreiben, gestalten wie ein Bild. Texte suchen, die den Kreis, das Runde zum Thema haben oder in einer feinen Form zur Mitte führen.

Kuchen (2). Mandala-Poster in sieben Stücke schneiden und für die sieben Tage der Woche bereitlegen, ein etwas größeres für den Sonntag; jeden Tag ein Stück ausmalen in den Farben, die gefühlsmäßig zum Tag passen. Am Schluß zum Wochen-Mandala zusammenfügen.

Kugeln. Eine kleine Sammlung von Kugeln verschiedener Art, die gut in die Hand passen, anlegen und andern zum Ertasten mit geschlossenen Augen aushändigen; innere Bilder auftauchen lassen, sich eine Vorstellung von dreidimensionalen Kreisbildern machen, die Phantasie anregen lassen ... So das Runde des Kreises begreifen.

Meditationstuch. Ein Mandala auf ein schönes, angenehmes Baumwolltuch sticken und so ein Tuch zur Hand haben, das einstimmt auf Stille und Meditation und auch zum Beispiel als Unterlage für Entspannungsübungen dienen kann (Diese Idee ist Andreas Bernhardt zu verdanken; s. auch sein Buch, Mit Mandalas lernen, Klett 1996).

Linoldruck. Kreisbild in Linol schneiden (einfache Formen) und auf T-Shirt oder auf andere Träger aufdrucken, mit den Farben spielen.

Brot. Ein großes Brot für eine Gruppe in Kreisform backen, Gemeinschaft zum Ausdruck bringen, einander „Brot“ sein.

Spezialpapier. Mandala-Vorlagen auf besonders schönes Papier kopieren, zum Beispiel Faserpapier mit Einschlüssen; vorher abklären, ob sie für Kopiergeräte geeignet sind (erspart viel Ärger!).

Ausmalen von Mandala-Vorlagen in Gruppen

Ein paar Gesichtspunkte zur Vorbereitung

1. Warum setze ich Mandalas ein?
   a) Ich biete eine Möglichkeit der Vertiefung und Verarbeitung an (nach einem informativen Teil).
   b) Das Mandala-Malen hat keinen direkten Bezug zum Stoff. Es dient der seelischen Erholung.
   c) Das Mandala entsteht über mehrere Male in kleinen Zeiteinheiten und dokumentiert so einen längeren Abschnitt (z. B. Intensivwoche, in der die Tage jeweils während zehn Minuten mit Mandala-Malen besinnlich abgeschlossen werden).
   d) Ich habe mit der Disziplin Probleme und möchte etwas Ruhe in die Gruppe bringen.
   e) …

2. Wenn es um Vertiefung geht, frage ich mich, ob es sinnvoll ist, einen kleinen Text zur Mandala-Vorlage zu setzen. Das kann ein Kernsatz aus einer Erzählung, eine Zeile aus einem Gedicht oder eine Idee aus einem Vortrag sein.

3. Dient das Mandala-Malen der seelischen Erholung, ist ein zeitlicher Rahmen von 45 Minuten (Lektionslänge) optimal.

4. Ich lege drei verschiedenartige Mandala-Vorlagen zur Auswahl bereit.

5. Ich entscheide mich für eine Maltechnik. In der Regel dienen gewöhnliche Farbstifte zum Ausmalen. Auch Filz- oder Aquarell-Stifte eignen sich gut. Wachsmalstifte sind eher zu grob. Etwas anspruchsvoller ist das Malen mit Acryl oder Wasserfarben.
   Wenn die entstandenen Mandalas verglichen werden sollen, ist der Entscheid für die gleiche Technik für alle nötig.

6. Ich verzichte auf lange Erklärungen zum Sinn des Mandala-Malens im *voraus*. Ich nehme mir wenn immer möglich Zeit für einen Austausch *nach* dem Malen.

7. Das Mandala-Malen wird eher zum Erlebnis, wenn in der Gruppe eine ruhige Atmosphäre entsteht. Wie kann ich in der Vorbereitung dazu beitragen?
   a) Kann ich den Raum besonders gestalten, schmükken?
   b) Soll ich eine ruhige Musik-Cassette auflegen oder die Stille allen zumuten und dafür sorgen, daß sie auch eingehalten wird? Oder tue ich gar nichts, und lasse ich dann eine Plauderei auch zu?
   c) Wäre ein besonderer Duft eine Hilfe?
   d) ...

8. Sollen die ausgemalten Mandalas ausgestellt werden? Wenn ja, wo und für wie lange?

9. Wenn die Gruppe schon einige Male Vorlagen im DIN-A4-Format ausgemalt hat, frage ich mich, wie eine Weiterführung sinnvoll wäre?
   a) Die Mandala-Vorlagen werden selbst gezeichnet.
   b) Mehrere malen an einem Mandala im Posterformat.

10. Mache ich in bezug auf die Farben eine Vorgabe? Wäre es sinnvoll, an diesem Tag z. B. vorzuschlagen, Blau-Rot-Töne zu wählen oder ein Sommer-Mandala zu malen?

11. Als LehrerIn oder GruppenleiterIn male ich immer mit! Damit bringe ich zum Ausdruck, daß mir diese Zeit mit dem Mandala wichtig ist. Es schafft zudem eine gute gemeinsame Grundlage.

12. Ich achte darauf, ob jemand mit mir über seine Erfahrungen reden möchte. Vielleicht ist es sinnvoll, mich für Gespräche anzubieten. Ich halte Mandala-Vorlagen in Reserve. Vielleicht will jemand ein zweites Blatt mit nach Hause nehmen.

Struktur und Orientierung
Mandalas in der Ergotherapie

von Clara-Maria Papale

Als Kind malte ich viel, oft und gerne. Auch heute noch scheint es mir notwendig, das was ich lernen oder verstehen will, in eine graphische, gestalterische Form zu bringen. Manchmal malte ich nichts Bestimmtes, einfach Formen, die ich verschiedenfarbig ausmalte, oft verband ich Punkte mit Strichen oder umgab sie mit Farbschichten. Dabei stellte ich mir Sternennebel oder Atome vor oder andere, mir nicht bekannte Strukturen.

In der Sekundarschule kritzelte ich weiter geometrische Figuren vor mich hin, während der Lehrer erklärte. Da er davon ausging, daß ich nicht aufpaßte, rief er mich regelmäßig auf und wunderte sich, daß ich genau wiederholen konnte, was er eben gesagt hatte. Ich hatte damals eine Methode gefunden, um mich zu konzentrieren.

Daß das Entwerfen und Ausmalen von geometrischen Figuren Spaß macht, scheint vielen Leuten unwahrscheinlich, weil sie dies mit Exaktheit und schwerer Arbeit verbinden. Daß diese Formen durch ihre Beständigkeit etwas enorm Beruhigendes ausstrahlen, findet nur heraus, wer es selber versucht. Durch die Einfachheit tritt etwas Klärendes hinzu, als würde es den Kopf von den vielen Inhalten reinigen, die wir dauernd aufnehmen und verarbeiten müssen.

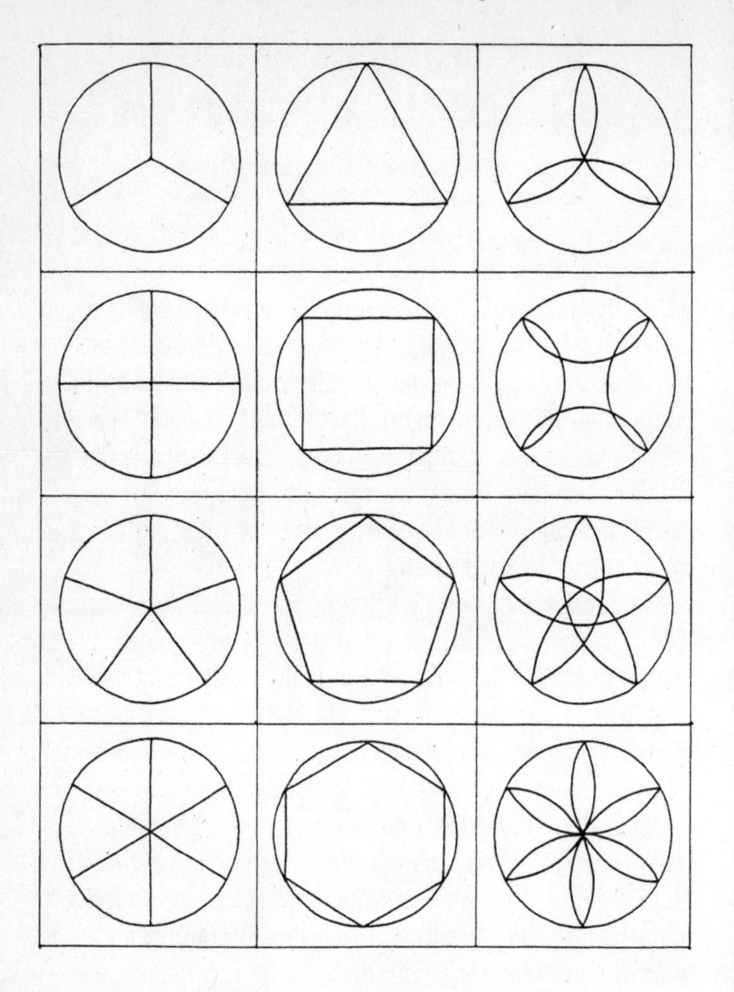

Heute sehe ich noch einen Aspekt, unter dem ich das Mandala-Malen vorstellen möchte:

Die *Strukturen,* auf denen Mandalas aufgebaut sind, entsprechen *inneren Orientierungen,* die in uns angelegt sind und durch das Anschauen und Ausmalen aktiviert werden. Bei Störungen der kognitiven Funktionen ist es notwendig, basale Orientierungsstrukturen (räumlich/zeitliche) zu stützen. Außer der Beziehungskonstanz und einem geschützten Rahmen spielt dabei auch die Aktivität eine wichtige Rolle.

Im Ergotherapie-Team der Klinik Pfäfers (Schweiz) waren wir auf der Suche nach jenen Tätigkeiten, die dafür am besten geeignet waren, und hatten uns schon mit dem Weben, der Arbeit mit Ton und Holz auseinandergesetzt, um vereinfachte Grundformen zu finden, die den Einstieg ins Handeln erleichtern. Beim Malen arbeiteten wir meist mit Farben, aber irgendwie waren die PatientInnen nicht einverstanden, und manche hatten Angst vor der Überforderung. Sie wünschten, Vorlagen abzuzeichnen oder kopierte Blumenbilder auszumalen.

Als das Mandala-Buch von Rüdiger Dahlke herauskam, waren die meisten PatientInnen begeistert, und wir fingen an, mit ihnen auszumalen. Dadurch vereinfachte sich unsere Arbeit; da Mandalas stark strukturiert sind und das Ausmalen allen zugänglich war, brauchten PatientInnen keine Hilfestellung. Sie fühlten sich von Anfang an kompetent und konnten selbständig entscheiden, welches Mandala sie ausmalen und wie sie es gestalten wollten.

Der Austausch innerhalb der Gruppe war faszinierend. Fortgeschrittene PatientInnen wurden von Neuankömmlingen bewundert für die Effekte, die sie erreichten. Gerne waren die „Erfahrenen“ bereit, das bereits erreichte Wissen weiterzugeben, so daß es oft zu intensiven Auseinandersetzungen über Farbwirkungen und stilistische Effekte kam.

Schließlich brachte uns ein Patient darauf, daß wir selber Entwürfe zeichnen konnten; es war viel einfacher, als wir gedacht hatten. Als immer mehr Vorlagen entstanden, sammelte ich sie, und dank der Unterstützung des administrativen Teams konnten wir sie drucken lassen und als kleine Büchlein herausgeben. Außerdem konnten wir in den Gängen der Klinik Farbkopien von Mandalas aufhängen, die die PatientInnen mit der Zeit mit ihrem vollen Namen signierten. Viele von ihnen nahmen beim Austritt Vorlagen nach Hause und arbeiteten weiter daran.

Mit der Zeit wurden auch auf den Abteilungen Mandalas aufgelegt, und viele PatientInnen profitierten davon, sich allein oder in kleine Gruppen ins Beschäftigungszimmer zurückziehen zu können. Auf den meisten Abteilungen gab es PraktikantInnen, die dieses Medium im Ergotherapiepraktikum kennengelernt hatten und die PatientInnen betreuten und unterstützten. Entgegen unserer anfänglichen Befürchtung, daß dies eine Konkurrenz sein könnte, stellten wir fest, daß es unsere Arbeit förderte.

Manche Ärzte äußerten Skepsis, weil Mandalas in der Esoterik einen so großen Stellenwert besitzen. Uns schienen diese Formen doch sehr geometrisch und rational. Ihre Bedeutung in der Esoterik führen wir darauf zurück, daß sie uralt sind und daher verbunden mit magischen und mythischen Weltbildern und Praktiken. Außerdem sind diese Strukturen so früh in uns angelegt, daß wir sie unbewußt aufnehmen. Und deshalb wollten wir uns ganz bewußt mit ihnen beschäftigen.

In der Klinik wurden räumliche und zeitliche Orientierung meist als unspezifische therapeutische Effekte bezeichnet: Stundenplan, Kohärenz des Teams, therapeutische Kontinuität und Beständigkeit der Bezugspersonen führen in ihrem Zusammenwirken zu einer immer wieder feststellbaren Beruhigung der Situation.

Daß eine funktionierende räumliche und zeitliche Orientierung als Basis der Handlungsfähigkeit unbedingt notwendig ist, kann jede(r) in einer neuen Umgebung selber feststellen. Insofern ist dies kein therapeutischer Effekt, sondern eine ganz allgemeine Notwendigkeit, also eine Vorbedingung für jede Therapie.

Wir haben nie versucht, Mandalas zu interpretieren. Wenn uns aber eine Idee oder Hypothese dazu einfiel, haben wir sie einander mitgeteilt.

Was mich immer wieder fasziniert, ist das Zusammenfallen von Orientierungsstrukturen mit Werten und die intensive emotionale Besetzung (energetischer Aspekt) der Symbole.

Deshalb möchte ich beim Vorstellen der Formen die wichtigsten Wertgefüge erwähnen, die Mandalas in vielen Kulturen besitzen.

Gleichzeitig geht aus der Vielfalt der Möglichkeiten hervor, daß keine Interpretation allgemeingültig sein kann. Mandalas können immer wieder anders ausgemalt werden, und damit kann sich ihre Bedeutung verändern.

Grundformen finden sich überall und sind deshalb Träger der verschiedensten materiellen und spirituellen Inhalte. Ihre Polyvalenz macht auch aus, daß wir nie alle Variationsmöglichkeiten ausschöpfen werden; es wird in der Natur immer noch weitere Entwicklungen, Variationen und Kombinationsmöglichkeiten geben. Die Arbeit am Mandala läßt uns dies nachfühlen.

Mittelpunkt und Identität

Position im Raum

Aus der sinnlichen Wahrnehmung unserer Position im Raume wird die Fähigkeit, das Gleichgewicht zu suchen und zu erhalten, aufgebaut.

Als Gegenüber (Spiegelung) wird eine Bildfläche in diesem Zusammenhang zur Projektionsfläche des Körpergefühls. Deshalb können wir vor dezentrierten Bildern ein körperliches Unwohlsein verspüren.

Zeitliche Orientierung

Die zeitliche Orientierung erlaubt den Menschen, sich in die Geschichte der Familie, der Gruppe oder einer Nationalität zu integrieren und dadurch Identität zu erwerben. Mythen und Schöpfungsgeschichten stellen einen Bezug zur Natur und zum All her. Diese Vorstellungen beinhalten Gemeinsamkeit und Integrationsmöglichkeiten. Urzeitliche Heilrituale suchen die Verbindung zu den schöpferischen Energien wiederherzustellen und begründen die Vorstellung der Kontinuität des Lebens. Indem sie Identität stärken, wirken sie der Lebensangst entgegen. Immer wichtiger wird in diesem Zusammenhang, nicht nur die eigene Identität zu unterstützen, sondern auch fremde Identität zu respektieren und entsprechende Weltbilder kennenzulernen, ihren Wert anzuerkennen und sie zu integrieren. Erst die

„Gleich-Gültigkeit“ eigener und fremder Vorstellungen und Interessen macht echte Gegenseitigkeit und einen gerechten Austausch möglich.

Der Schwerpunkt und der Ursprung fallen im Mittelpunkt des Mandalas zusammen. Durch die Orientierung am gemeinsamen Ursprung wird Ehrfurcht und Dankbarkeit dem Leben gegenüber möglich und damit eine Haltung, die Achtung und Selbstachtung einschließt.

Peripherie und Abgrenzung

Wahrnehmung der eigenen Begrenzung

Eine zweite Orientierungsmöglichkeit entsteht durch die Wahrnehmung der eigenen Begrenzung; Körpergrenzen, Begrenzung des Bewegungs- und Lebensraumes. Individuum sein bedeutet, sich je nach Situation von der Umwelt durch eine hauchdünne Membran (Durchlässigkeit) oder eine harte Schale (Schutzfunktion) abzugrenzen. Damit entstehen Unterschiede zwischen Innen und Außen, die fortwährend ausgeglichen werden müssen (Austausch). Wenn in der Psychose Körpergrenzen verwischt werden, nehmen die Ich-Funktionen soweit ab, daß Menschen sich nicht mehr an der Realität orientieren können. Geschützte Lebensräume miteinander zu teilen bedeutet auch immer, fremde/eigene Grenzen wahrzunehmen und zu respektieren.

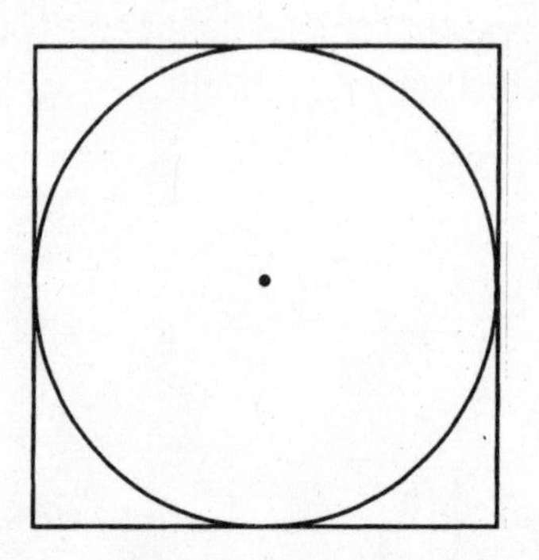

Zentrierung und Abgrenzung bestimmen unser Handeln und unser Verhalten im Austausch mit der Umwelt.

Symmetrie, Polarität und räumliche Orientierung

Die Zweiteilung als Gemeinsamkeit bei Pflanzen und Tieren ist auch den Menschen eigen. Wir erleben sie in der Rechts-Links-Lateralisierung der Bewegung am intensivsten. Die Arbeit am großflächigen Hochformat ist deshalb am besten geeignet, diese Struktur zu unterstützen (malen mit beiden Händen).

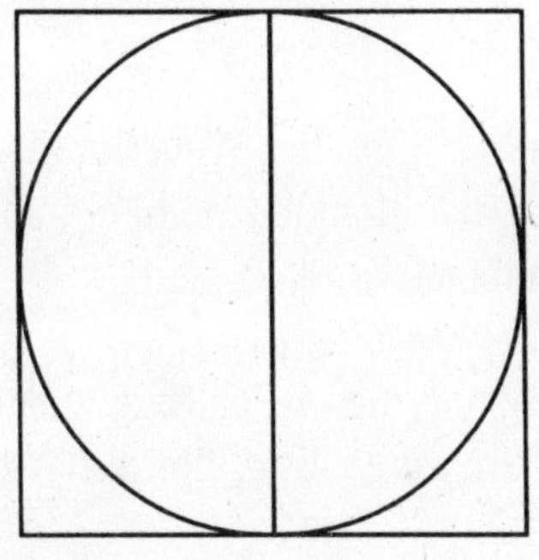

Im Querformat wird der Horizont betont, und wir erleben die Polarität oben – unten.

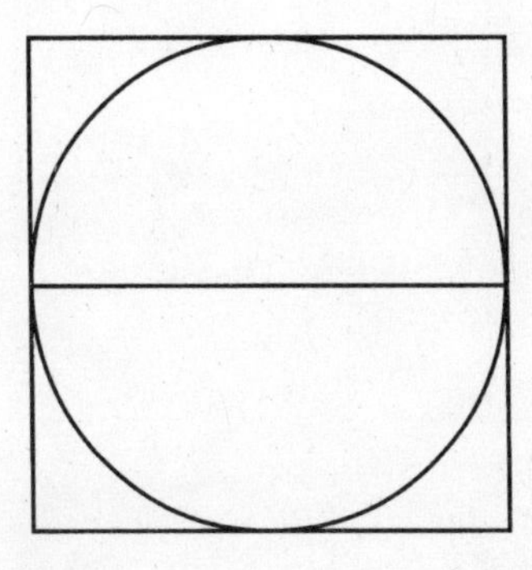

Durch die Bildung polarisierter Begriffe (oben/unten, rechts/links) öffnet sich ein Fächer konzeptueller Kategorien, mit denen wir die Welt und die Objekte beschreiben: hart/weich, heiß/kalt, hell/dunkel.

Als Schwarz-Weiß-Kategorien bilden sie ein wertendes Weltbild:

Gut/Gott	Schlecht/Teufel
Männlich	Weiblich
Recht(s)	Links/Unrecht
Licht/Geist	Schatten/Körper

Sie bilden ein narzißtisches Weltbild, in welchem einem überbewerteten bewußten Teil (Ego) ein abgewertetes Unbewußtes gegenübersteht.

Durch die Aufhebung dieser Spaltung entsteht ein fließender Rhythmus durch die Mitte, der die Wahrnehmung für Übergänge öffnet.

Aus Tag und Nacht wird: Morgen – Mittag – Abend – Nacht. Aus Sommer und Winter entstehen die vier Jahreszeiten.

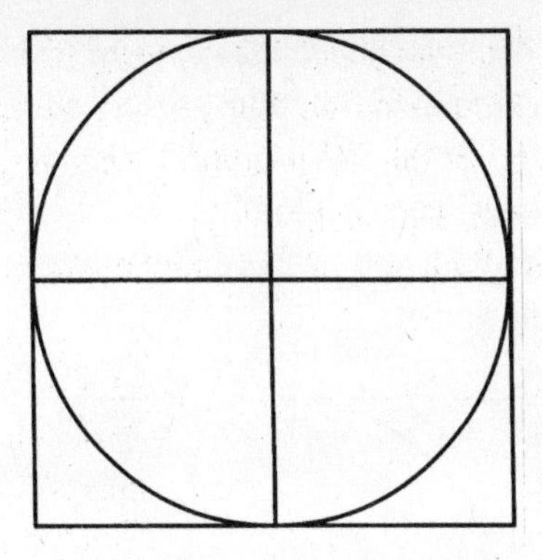

Durch die Verbindung von Horizontaler und Vertikaler entsteht das Kreuz und damit eine stabile räumliche Orientierung.

Durch die Zuordnung von Charaktereigenschaften zu jeder Himmelsrichtung wurden Modelle erarbeitet, die selber magischen, mythologischen und schließlich psychologischen Charakter haben:

- indianische Mandalas mit Windrichtungen,
- vier Elemente-Lehre der Griechen,
- vier Wahrnehmungsqualitäten bei C. G. Jung
- und schließlich der Vierfarben-Test von Lüscher, basierend auf den Farben Rot, Grün, Blau und Gelb, der verdrängte und privilegierte Eigenschaften anzeigt, also ein Modell der Neurose.

Aus einem ähnlichen Modell wurde in Indien das vier Kasten-System abgeleitet, wo Nachteile sichtbar werden, wenn Modelle dogmatisch eingesetzt werden.

Durch eine weitere Zweiteilung des vierteiligen Mandalas verdoppeln sich die Teile und es entsteht ein achtteiliges Mandala.

Ein sehr altes lebensphilosophisches Modell finden wir im chinesischen I-Ging. Weitere Aufteilungen können bis ins Unendliche gehen.

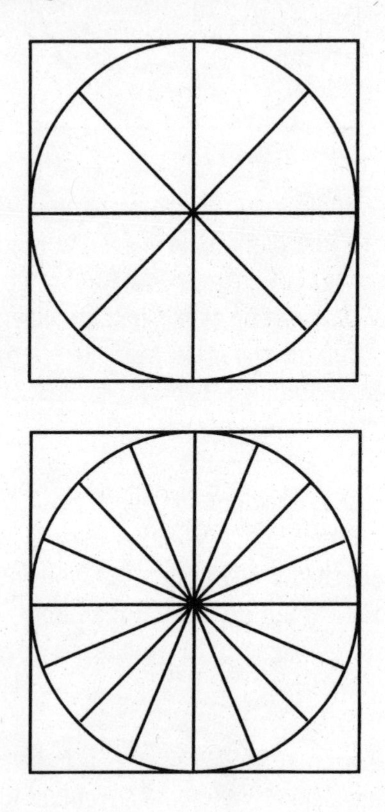

Dreiteilung, Sechsteilung und die Zeit

Mit der Dreiteilung erscheint die räumliche Perspektive und damit die Möglichkeit, Distanzen im (Welt)Raum zu berechnen (Pythagoras, Euklid).

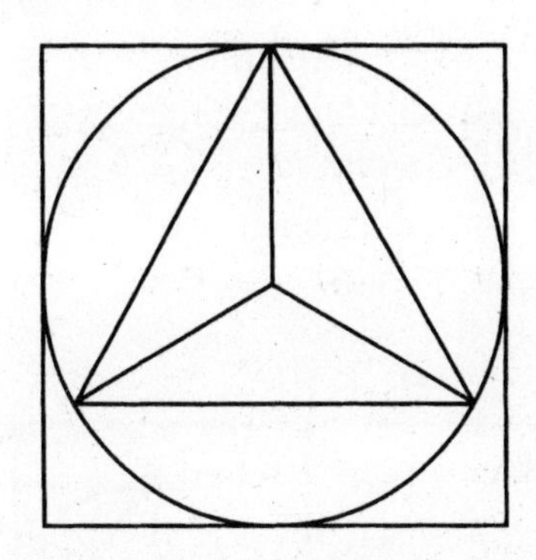

Zeitlich ergeben sich:
Vergangenheit – Gegenwart – Zukunft

und die Lebensabschnitte:
Jugend – Reife – Alter

und Triaden wie:
Jungfrau – Mutter – Weise

oder die Dreifaltigkeit:
Vater – Sohn – Heiliger Geist.

Als Triangulation:
Mann – Frau – Kind

bedeutet es die Überwindung der Diade:
Mutter/Kind.

Oft werden drei Ebenen unterschieden:
Körper – Seele – Geist.

Im Farbspektrum erscheinen die Grundfarben:
Blau – Rot – Gelb.

Der sechsteilige Stern vereint die zwei gegensätzlichen Dreiecke Ying und Yang und stellt die Integration der sexuellen Energien dar (Tantra).

Das Farbspektrum bereichert sich durch die Mischfarben Orange, Grün und Violett.

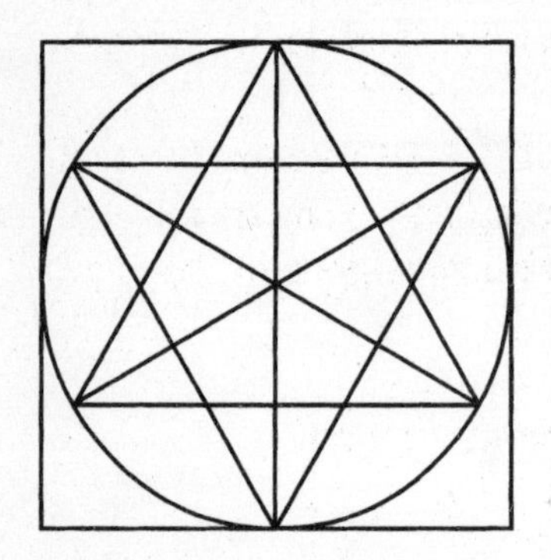

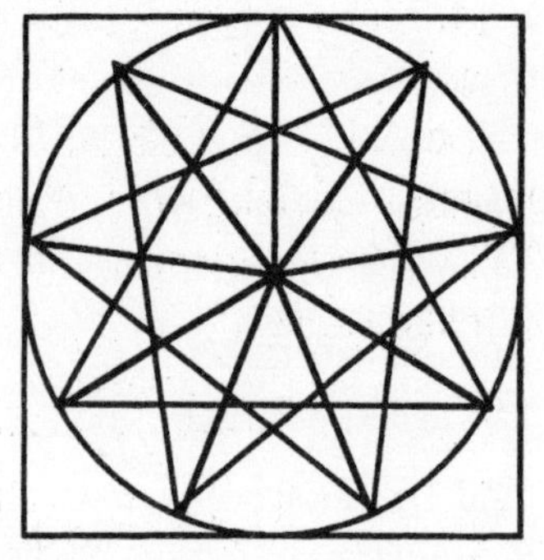

Durch die Verdreifachung des Dreiecks verliert die Form ihre durchgehende Achse und damit einen Teil ihrer Stabilität. Bei Zählsystemen, die auf der Neun basieren, spielt nicht die Quantität der Zahl, sondern ihre Qualität eine Rolle: Numerologie, Kabbala, Enneagramm.

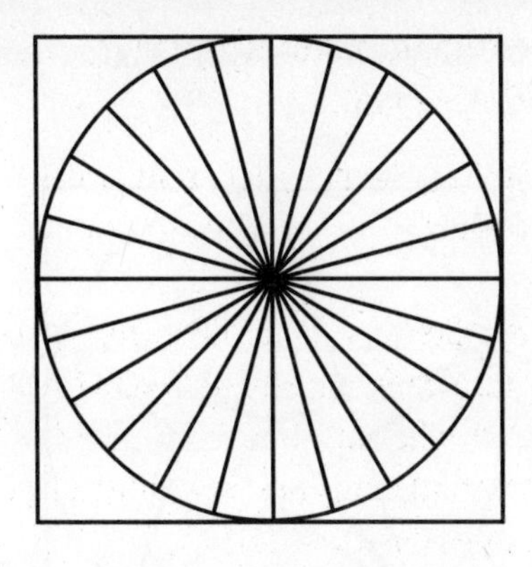

Weitere Verdoppelungen ergeben eine Aufteilung des Tages in 24 Stunden respektive eine Aufteilung in 12 Stunden (Uhr).

Die Aufteilung des Jahres in 12 Monate ersetzte eine frühere Aufteilung in 13 Mondmonate. Damit verlor die Zahl 13 ihren besonderen Wert und wurde zur Unglückszahl umgewertet.

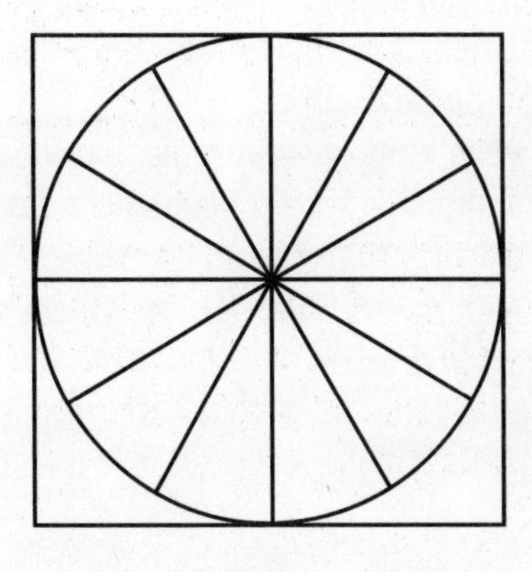

Fünfteilung, Mikro- und Makrokosmos

Das Pentagramm symbolisiert die Verbindung der fünf Planeten, die zuerst bekannt waren und soll besonders energetisch sein.

Die chinesische Tradition zeichnet ein Energie-Modell, in dem außer den griechischen Elementen Feuer, Wasser, Erde, Luft/Holz noch das Metall integriert wird. Die eine Richtung zeigt den unterstützenden Fluß der Energie an, die Gegenrichtung Blockaden.

Als goldener Schnitt bestimmt dieses Modell die Lehre der Proportionen und öffnet den Raum der fraktalen Wiederholung gleichartiger Strukturen im kleinen wie im großen.

Als Verdoppelung der Fünf hat das Dezimalsystem alle früheren Zählarten ersetzt.

Die Sieben

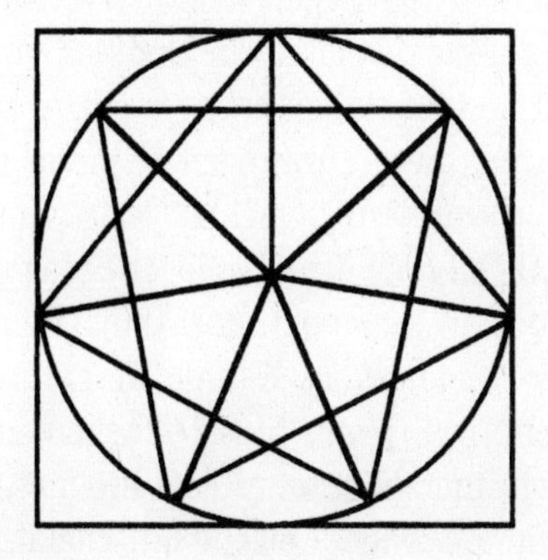

Die Siebenteilung strukturiert die Wochentage in Verbindung mit den sieben Planeten, deren Wirkung auch in den sieben Chakras und in der Tonleiter erscheint.

Nicht zufällig finden wir all diese Grundformen immer wieder in der Natur. Sie dienen als Basis für eine immer größere Komplexifizierung. Auch in den Mandalas, die wir übernommen oder selber entworfen haben, sind diese einfachen Grundformen enthalten, mit mehr oder weniger komplexen weiteren Aufteilungen. Dabei sollte es beim Ausmalen immer noch möglich sein, eigene Strukturen zu finden und so die vorgegebene Form zu bereichern.

Die meisten entworfenen Vorlagen waren 4-, 6-, 8- oder 12-teilig, seltener 3-, 5- und 7-teilig.

Die Arbeit mit diesen Modellen kann spielerisch-explorierend oder ganz bewußt als Integrations- und (V)Erarbeitungsprozeß angegangen werden. In der Ergotherapie können wir davon ausgehen, daß alle geschaffenen Strukturen (Ergon aus dem Griechischen heißt: Geschaffenes, Aufgebautes, Konstruiertes, Realität) in Urzeiten von Menschen erlebt, erfühlt und begrifflich erfaßt wurden. Deshalb wäre es gut, wenn wir diese Leistungen in ihrem tatsächlichen Wert erkennen würden. Sprache, Gestaltung und Hand-Werk bilden noch heute die Basis jeder Pädagogik und werden immer auch als therapeutische Aktivitäten eingesetzt.

Indem wir Mandalas als Alternative zu anderen Tätigkeiten (Weben, Ton, Holz, Musik) angeboten haben, hat sich für uns ein therapeutisches Feld eröffnet, in welchem PatientInnen immer wieder eigene Entscheidungen treffen, eigene Entdeckungen machen und diese mit der Gruppe teilen können (nicht müssen).

Indem wir bereit waren, unsere Modelle (Krankheitsmodelle, therapeutische Hypothesen) mit den Erklärungsmodellen der PatientInnen zu konfrontieren, ergab sich ein Austausch, der für beide Seiten zur Bereicherung wurde.

Schritte zur Mitte

Impulse zur Mandala-Meditation

Sich schauend dem Kreis überlassen,
sich einfühlen ins Runde
ohne Anfang und Ende.
Herausspüren die Gebärde
des Umfangens, des Umarmens.

Der Innenraum des Kreises
gewährt Schutz, Geborgenheit,
Dazugehören, Ganzheit.
Was uns wichtig ist,
kreisen wir ein.
Aus der Mitte schöpfen wir Kraft,
erstarkt die Seele,
wächst der Mut.

Sich schauend dem Kreis überlassen,
das Vielerlei hinter sich lassen,
einsammeln das Zerstreute,
Mitte lebendig werden lassen
im Bild,
in uns.

Bruno Dörig

Die goldene Schnur

Ich gebe dir das Ende
der goldenen Schnur.
Rolle sie zu einem Knäuel auf,
und sie wird dich
durch das himmlische Tor
in der Mauer Jerusalems
führen.

William Blake (1757–1827)

Die Mandalas S. 137, 139, 141, 143, 145, 147, 149 und 151 zeichnete Max Bosshart, Hölstein/Schweiz.

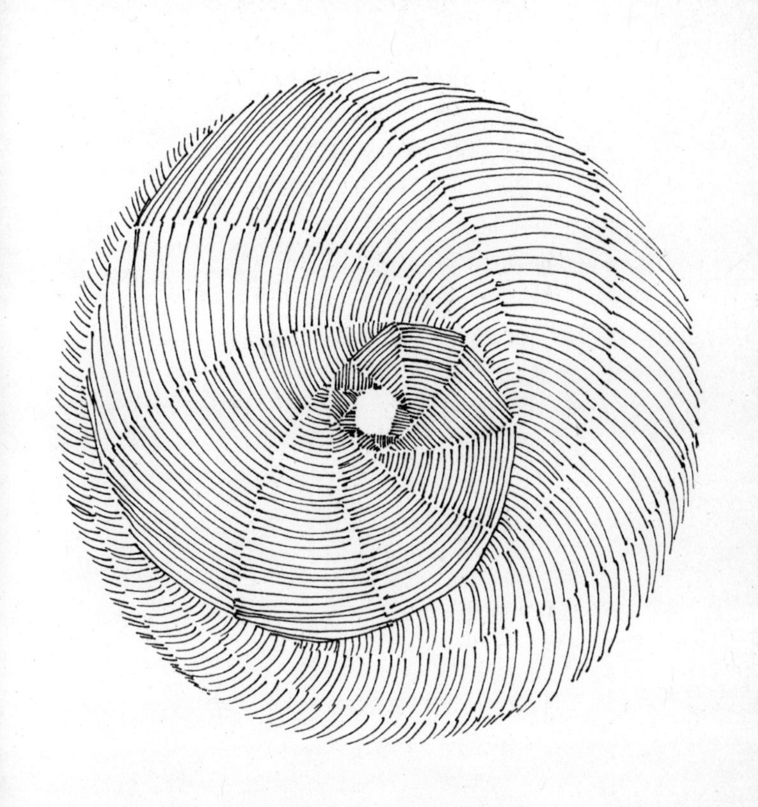

In die eigene Tiefe

Für jede Seele bedeutet die kreisförmige Bewegung
ihr Eindringen gleichsam von außen
in die eigene Tiefe.
So erfährt sie eine Konzentration
ihrer eigenen geistigen Kräfte,
die sie vor Abschweifung bewahrt
und sie von der Vielheit aller äußeren Dinge hinweg
zu sich selbst zurückwendet.
So kann sie sich im Herz der eigenen Seele sammeln,
also auf dem Grund der Seele.

Dionysios Areopagita (um 500)

Mein Mittelpunkt

Gott ist mein Mittelpunkt,
wenn ich in ihm mich schließe,
Mein Umkreis dann,
wenn ich aus Lieb in ihn zerfließe.

Wer sich den Mittelpunkt
zum Wohnhaus hat erkiest,
Der sieht mit einem Blick,
was in dem Umschweif ist.

Angelius Silesius (1624–1677)
„Cherubinischer Wandersmann“ III, 148 und II, 24

Weg nach innen

Wer den Weg nach innen fand,
Wer in glühendem Sichversenken
Je der Weisheit Kern geahnt,
Daß sein Sinn sich Gott und Welt
Nur als Bild und Gleichnis wähle:
Ihm wird jedes Tun und Denken
Zwiegespräch mit seiner eignen Seele,
Welche Welt und Gott enthält.

Hermann Hesse (1877–1962)

Ein Steg zur Mitte

Aus jedem Punkt im Kreis zur Mitte
geht ein Steg,
vom fernsten Irrtum selbst zu Gott
zurück ein Weg.
Welch Herz noch etwas liebt,
das ist noch nicht verlassen,
ein Fäserchen genügt, Wurzeln in
Gott zu fassen.

Friedrich Rückert (1788–1866)

Kreuz und Kreis

Kreuz und Kreis sind die ältesten und elementarsten Zeichen. Beide im Gegensatz, das eine hart, gerade und widersprüchlich, das andere rund, weich und schwingend.

Das Radkreuz verbindet beides in wechselseitiger Durchdringung: der Kreis bekreuzt sich im Kreisen – das Kreuz umfaßt eine Kreisbewegung. Was sagen diese Zeichen?

Kreis bedeutet Fülle, Reichtum, Gabe, auch Freude, Achtung, Wert. Was uns wichtig ist, kreisen wir ein; was uns lieb ist, umringen wir. Ring und Reif sind Symbole des Lebens und der Einheit. Auch der Sonne.

Kreuz besagt Differenz, meint Gegensatz, Widerspruch, auch Streichung. Es dient zur Markierung, zur Zeichnung, zur Brandmarkung. Es sagt Ereignis, Tat, Bruch, Schmerz und Tod.

Kreuz und Kreis, wenn vereint, können nur so gelesen werden: Durchbruch zur Fülle, Ereignis der Einheit durch einmalige Tat, kurz: Überwindung.

Nach Heinrich Rombach

In allen Dingen sich inwärts kehren

Der Mensch soll in allen Dingen
sich inwärts kehren, inwendig warten
und Gottes in dem Tun wahrnehmen,
ihm die Kraft des Werkes lassen
und sich nicht anders halten
denn als ein Werkzeug,
da Gott innen und hindurch wirke.

Johannes Tauler (um 1300–1361)

Vollendung, gegenwärtig

Ich hab es einmal gesehen, das
Einzige, das meine Seele suchte;
und die Vollendung, die wir über
die Sterne hinauf entfernen,
die uns hinausschieben bis ans
Ende der Zeit, die habe ich
gegenwärtig gefühlt. Es war da,
das Höchste, in diesem Kreis der
Menschennatur und der Dinge war
es da.

Friedrich Hölderlin (1770–1843)

Die Karre

Uralte kostbare Mandalas
waren die Räder der Karre
mit deren Hilfe er
überallhin kommen konnte.

Nichtsahnend
fing ich an zu sammeln
emsig und fleißig
Muscheln, Kiesel, Steine
Wurzeln, Blätter, Blüten
Bilder und Bücher und Bücher
Einmaliges, Vielgestaltiges
was noch niemand gesehen hatte
alles voller Be-Deutung,
nichts durfte verlorengehen
suchen und finden war eins
ich wurde stolz und reich
dankte allen
die mir etwas brachten
mir Freude machten.

Zwar sagte ich
es ist genug
doch es nützte nichts
ich war die Sammelstelle
ich hatte die kostbare Karre
und wunderte mich
was so im Laufe der Jahre
zusammengekommen war.

Aufhören!
rief ich vergebens
„es“ hörte nicht auf
und so schob ich
weiter und weiter
und wußte nicht
wo ich zur Ruhe käme
Karren müssen rollen
auch wenn sie knarren
Mandalas sich drehen
auch wenn sie wanken und schwanken.

Doch eines Tages: der Durch-Bruch!
eine tiefe Mulde tut sich gnädig auf
und der Mann kippt alles hinein
die Karre mit all ihrer Last
mit all seiner Liebe und seinem Schmerz.
Und er schaufelte alles zu
und pflanzt eine Trauerweide darauf.

Dann guckt er dankbar zum Himmel
und sieht ein goldenes Rad
das sich immerfort um sich selber dreht
mühelos und ringsherum
und steigt und fällt und läuft
das große Rad am Sonnenwagen.

Hans Hartkopf

QUELLENNACHWEIS

Texte

S. 7: Rechtsinhaber unbekannt.

S. 41–76: Abdruck mit freundlicher Genehmigung von Prof. Dr. Otto Betz, Thannhausen (geschrieben für „Katechetische Blätter", 100. Jg./1975, S. 395ff., zum 65. Geburtstag des Religionspädagogen und Pastoraltheologen Josef Goldbrunner). – Die Visualisierung besorgte Martin Schmeisser.

S. 77–88, aus: Johannes Frischknecht, Mandalas, noah-verlag, Oberegg/Schweiz, 2., veränderte Auflage 1994.

S. 115–134, aus: Ergotherapie, Mai 1997 (Zeitschrift des ErgotherapeutInnen-Verbandes der Schweiz).

S. 135, aus: Bruno Dörig, Schenk dir ein Mandala!, Heft 3, Verlag am Eschbach, Eschbach/Markgräflerland, 3. Auflage 1998.

S. 142, aus: Hermann Hesse, Gedichte, © Suhrkamp Verlag, Frankfurt/Main 1970.

S. 146, nach: Heinrich Rombach, Leben des Geistes, Verlag Herder, Freiburg i. Br. 1977.

S. 8–39, 90–114, 153–155: Originalbeiträge.

Bilder

1. Umschlagseite, S. 79, 80, 85, 86, aus: Johannes Frischknecht, Mandalas, noah-verlag, Oberegg/Schweiz, 2., veränderte Auflage 1994.

Mandalazeichnungen von Luitgard Weis (S. 17, 21, 23, 27, 29, 33, 35, 39) und von Max Bosshart (S. 137, 139, 141, 143, 145, 147, 149, 151): © Verlag am Eschbach, Eschbach/Markgräflerland und noah-verlag, Oberegg/Schweiz.

S. 49, aus: Das Mandala. Der heilige Kreis im tantrischen Buddhismus. Mit Photographien von Peter Nebel und Doro Röthlisberger, DuMont Buchverlag, Köln 1992.

S. 57, aus: Les Trés Riches Heures des Jean Duc de Berry, Chantilly, Musée Conde, Ms. 65.

S. 59, aus: Bamberger Apokalypse, München, Bayer. Staatsbibliothek, Ms. Bibl. 140.

S. 61, 63, 65, aus: Hildegard von Bingen, Wisse die Wege, Otto Müller Verlag, Salzburg, 7. Auflage 1981.

S. 67, aus: Westminster-Psalter, London, British Museum, Royal Ms. 2 A.XXII.

S. 115–134, aus: Ergotherapie, Mai 1997.

S. 9, 15, 47, 90–114: Bildarchiv noah-verlag, Oberegg/Schweiz.

S. 43, 45, 51, 53, 55, 70, 71, 75: Bildarchiv Verlag am Eschbach, Eschbach/Markgräflerland.

Literaturhinweise

Literatur, Arbeitsmaterial und Malblocks in Auswahl

Argüelles, José und Miriam: Das große Mandala-Buch. Mandala in Aktion. Mit einem Vorwort von Lama Tschögyam Trungpa. Aurum Verlag, Braunschweig, 4. Aufl. 1996.

Betz, Otto: In geheimnisvoller Ordnung. Urformen und Symbole des Lebens. Mit Bildern von Ernst Steiner. Kösel-Verlag, München 1992.

Brauen, Martin: Das Mandala. Der heilige Kreis im tantrischen Buddhismus. Mit Photographien von Peter Nebel und Doro Röthlisberger. DuMont Buchverlag, Köln 1992.

Dahlke, Rüdiger: Mandalas der Welt. Ein Meditations- und Malbuch. Hugendubel-Verlag, München, 7. Aufl. 1995.

Dörig, Bruno: Schenk dir ein Mandala! Verlag am Eschbach, Eschbach (drei Hefte erschienen).

Fincher, Susanne F.: Mandala-Malen. Der Weg zum eigenen Zentrum. Aurum Verlag, Braunschweig, 2. Aufl. 1994.

Frischknecht, Johannes: Mandalas, deutsch/englisch, Übersetzngen: Nicole Büser, noah-verlag, Oberegg 1992.

Halbfas, Hubertus, Das Welthaus. Ein religionsgeschichtliches Lesebuch. Calwer Verlag, Stuttgart/Patmos Verlag, Düsseldorf, 4. Aufl. 1990.

Halbfas, Hubertus: Religionsunterricht in der Grundschule. Lehrerhandbuch 3. Patmos Verlag, Düsseldorf 1985.

Halbfas, Hubertus: Religionsunterricht in der Grundschule, Lehrerhandbuch 4. Patmos Verlag, Düsseldorf 1986.

Huyser, Anneke: Das Mandala-Arbeitsbuch. Aus dem Niederländischen von Clemens Wilhelm. Wilhelm Goldmann Verlag, München 1996 (Goldmann-Taschenbuch 12265).

Jung, Carl Gustav: Gesammelte Werke. Band 9/I: Die Archetypen und das Kollektive Unterbewußte. Walter-Verlag, Düsseldorf, 9. Aufl. 1996.

Kern, Hermann: Labyrinthe. Erscheinungsformen und Deutungen — 5000 Jahre Gegenwart eines Urbildes. Prestel-Verlag, München 1982.

Kinder malen Mandalas. 24 Blätter zum Ausmalen. noah-verlag, Oberegg/Verlag am Eschbach, Eschbach (zwei Malblocks mit je 24 Blättern erschienen).

Mandalas zum Ausmalen. Herausgegeben von Bruno Dörig. noah-verlag, Oberegg/Verlag am Eschbach, Eschbach (zwei Malblocks mit je 32 Blättern erschienen).

Murty, Kamala: Malbuch Mandala. Malen und meditieren mit dem uralten Lebenssymbol. Scherz Verlag, München 1996.

Preuschoff, Gisela: Kinder mit Mandalas zur Stille führen. Kreative Anregungen und praktische Übungen für Eltern und Kinder. Verlag Herder, Freiburg i.Br. 1997.

Riedel, Ingrid: Formen. Kreis, Kreuz, Dreieck, Quadrat, Spirale. Kreuz Verlag, Stuttgart 1985.

Schmeisser, Martin: In der Mitte leben. Der Mandala-Weg. Verlag am Eschbach, Eschbach 1997.

Tucci, Giuseppe: Geheimnisse des Mandalas. Der asiatische Weg zur Meditation. Econ Verlag, Düsseldorf 1995.

Aus dem Blauen schöpfen

Eugen Drewermann
Zeiten der Liebe
Band 5012

Marco Aldinger
„Was ist die ewige Wahrheit?“ „Geh weiter!“
Zen-Geschichten vom Festhalten und Loslassen
Band 5011

Anthony de Mello
Zeiten des Glücks
Band 5009

Maria Otto
Sanft und verzaubernd – der Mond
Inspirationen bei Nacht
Band 5008

Laß dir Zeit
Entdeckungen durch Langsamkeit und Ruhe
Hrsg. von Rudolf Walter
Band 5006

Antoine de Saint-Exupéry
Man sieht nur mit dem Herzen gut
Band 5005

Norman Vincent Peale
Dazu bestimmt, mit den Sternen zu reisen
Visionen, die das Leben beflügeln
Hrsg. von Ralph Waldo
Band 5004

Anselm Grün
50 Engel für das Jahr
Ein Inspirationsbuch
Band 5003

Hör mal, ob dein Herz noch schlägt
Leidenschaft statt Langeweile – prickelnde und sanfte Texte für Frauen
Hrsg. von Gabriele Hartlieb
Band 5002

Ulrich Schaffer
Sammle mir Kiesel am Fluß
Mehr als eine Liebesgeschichte
Band 5001

Kakuzo Okakura / Soshitsu Sen
Ritual der Stille
Die Tee-Zeremonie
Band 5000

HERDER / SPEKTRUM

MANDALAS ZUM AUSMALEN

Kinder malen Mandalas

Je 24 Blätter (21 × 27 cm) mit einfarbigen Malvorlagen.
Unverb. empf. Preis DM/sFr. 14,80/öS 110,00.
In Gemeinschaft mit dem noah-Verlag, Oberegg (Auslieferung Schweiz).

KINDER-MALBLOCK 1: Blatt 1–24. 4. Auflage 1998.
Bestell-Nr. 3–88671–**175**–7

KINDER-MALBLOCK 2: Blatt 25–48. 1. Auflage 1998.
Bestell-Nr. 3–88671–**182**–X

Bruno Dörig (Hrsg.), Mandalas zum Ausmalen

Je 32 Blätter (21 × 27 cm) mit einfarbigen Malvorlagen.
Unverb. empf. Preis DM/sFr. 20,00/öS 160,00
In Gemeinschaft mit dem noah-Verlag, Oberegg (Auslieferung Schweiz).

MALBLOCK 1: Blatt 1-32. 9. Auflage 1997.
Bestell-Nr. 3–88671–**931**–6

MALBLOCK 2: Blatt 33-64. 4. Auflage 1998.
Bestell-Nr. 3–88671–**861**–1

Schenk dir ein Mandala 1–3

3 Hefte von Bruno Dörig mit Bildern zur Mitte und Mandalas zum Ausmalen. 40 einfarbige Abbildungen, 96 Seiten.
Unverb. empf. Preis DM/sFr. 19,50/öS 150,00. Bestell-Nr. **6000**

In der Mitte leben

Der Mandala-Weg, hrsg. von Martin Schmeisser. 20 Seiten, 2 einfarbige, 8 vierfarbige Abbildungen. 1. Auflage 1997. DM/sFr. 6,50/ öS 50,00.
Bestell-Nr. 3–88671–**174**–9

Verlag am Eschbach GmbH
Im Alten Rathaus/Hauptstr. 37
D-79427 Eschbach/Markgräflerland
Tel. (0 76 34) 10 88 · Fax 37 96